歷代一統表之一

歷代統紀表

（五）

清·段長基　著
王彩琴
張　虹
張　艷　點校
席德育

全國高校古籍整理研究委員會資助項目
河南古都文化研究中心學術文庫成果
白河書齋河洛文獻系列叢書之三

文物出版社

歷代統紀表卷之十一

偃師段長基述　孫　鼎鑰 鼎鈞　校刊

宋紀。太祖神德皇帝。〇注：姓趙，名匡胤，涿郡人。都汴，在位十七年。乙亥，開寶八年。〇注：是歲江南亡，唯北漢至太平興國四年乃亡。〇宋建隆初，曷爲分注其年號，而此大書何？天下未一，宋亦列國耳，故細書之。今此大書者，按凡例，宋得天下頗類唐，故開寶八年，大書如武德七年例，是亦史外傳心之要法也。春二月。

三月。

夏四月，彗星見東方。

同姓王。

異姓臣。曹彬大敗江南兵于秦淮，進圍金陵。

吴越王俶取江南常州。

異國。

契丹遣使來通好。

秋七月朔，日食。冬十月，

十一月。

江南主使徐鉉來，乞緩師，不許。曹彬將王明大破江南兵于皖口，獲其都虞侯朱令贇。

曹彬克金陵。江南主煜降，門下侍郎陳喬死之。

遣使如契丹。

丙子，九年。〇注：十二月太宗皇帝太平興國元年。春正月。

二月，以曹彬爲樞密使。三月，以子德芳爲貴州團練使。帝如西京。

曹彬振旅而還。詔賜李煜爵違命侯。

吴越王俶來朝。

夏四月，郊[1]，大赦，還宮。秋八月。帝幸晉王光義第。冬十月，帝崩，晉王光義即位。〇注：癸丑，帝崩。甲寅，晉王即位，號宋。后爲開寶皇后，遷之西宮。

李燾[2]曰：王不豫，夜召晉王，屬[3]以後事。左右皆不得聞，但遥見燭影下，晉王時或離席，若有所遜避之狀。既而，上引柱斧戳地，大聲謂晉王曰：『好爲之』。已而帝崩。顧命大事也，實録、正史皆不能記，惜哉！

封弟光美爲齊王，兄子德昭爲武功郡王，德芳爲興元尹。

遣侍衛都指揮使黨進率兵伐漢。九月，敗漢兵于太原，契丹救之。

①郊：古代祭祀天地的典禮。　②李燾：字仁甫，一字子真，號巽岩。南宋官員，著名歷史學家、目録學家、詩人。　③屬：今做『囑』，囑咐、囑託。

○注：廷美，即光美也。以盧多遜同平章事，楚昭輔爲樞密使。

十一月，十二月，大赦，改元。

太宗皇帝。○注：名光義，更名炅，太祖弟。在位二十二年，壽五十九歲。丁丑，太平興國二年。○注：按書法，綱目非元年不書，號此二年也，曷爲書之？改元于去年也。

春二月，賜禮部進士呂蒙正等及第。○注：初，太祖幸洛陽，張齊賢以布衣獻策。及還，語帝曰：『我幸西都，唯得一張齊賢，異時可使輔汝爲相也』是時，齊賢亦在選中，有司置于下第，帝不悦，救一榜，自呂蒙正以下盡賜及第。

帝更名炅。

進封劉鋹衛國公，李煜隴西郡公。

夏四月，葬永昌陵。秋九月，容州初貢珠。冬十一月朔，日食既。

戊寅，三年，春二月，立崇文院。夏四月。

五月。

陳洪進獻漳、泉二州。○注：以洪進爲武寧節度使。

吴越王俶以其地來歸，詔封俶爲淮海國王。定難節度使李克叡卒，子繼筠嗣。○注：唐僖宗丙午，拓跋思恭與諸鎮平朱玫之亂，

秋七月，以孔宜襲封文宣公。

己卯，四年。○注：是歲北漢亡。春正月，新渾儀成。二月，帝自將伐漢。

賜姓李，節度夏、綏、銀、宥、靜五州。傳弟思諫。思諫卒，思恭之孫彝昌襲，被殺。族子仁福立，封朔方王，傳子彝超。至彝興立，封爲西平王，卒，宋追封夏王。子克叡立，傳繼筠、繼捧。以宋太宗壬午，納土歸朝，凡據鎮九十七年。繼捧族弟繼遷復叛，仍據夏州，稱夏國王。子德明，至孫元昊，稱帝。

隴西公李煜卒。

以潘美爲北路都招討使。

夏四月，帝至太原，督諸軍圍城。五月，漢主繼元降，詔賜爵彭城郡公。徙太原民于并州。○注：詔毁太原，舊城爲平晉縣，以榆次縣爲并州，徙太原民居之。帝發太原。六月，遂伐契丹，圍幽州。秋七月，與契丹耶律休哥大戰于高梁河，敗績，乃還。

八月。

定難留後李繼筠卒，弟繼捧嗣。

皇子武功郡王德昭自殺。○注：德昭從帝征幽州，及還，帝以征北不利，久不行太原之賞。德昭以爲言，帝不悦，曰：『待汝自爲之，賞未晚也。』以帝聞有謀立德昭之事也。德昭退而自刎。追封魏王，謚曰懿。

九月。	冬十月。	庚辰，五年，春三月。	秋七月。
	進封齊王廷美爲秦王。		
以楊業爲代州刺史。○注：業本漢建雄節度使劉繼業。帝克太原，聞其勇，召見，復楊姓。業善戰，號楊無敵。		魏公劉鋹卒。○注：追封南越王。楊業敗契丹于雁門，殺其將蕭咄李。	
			交州亂。命蘭州團練使孫全興討之。

冬十月，契丹寇瓦橋關。十一月，帝自將禦之，次于大名。契丹軍退，乃還。

十二月。

契丹以耶律休哥爲于越。〇注：于越，契丹至貴之職也。

辛巳，六年春，二月。秋九月朔，日食。以趙普爲司徒兼侍中，以石熙載爲樞密使。

冬十一月，楚昭輔罷。

皇子興元尹德芳卒。〇注：贈中書令、岐王。

罷交州兵，徵孫全興，棄市。

女真遣使來貢。

壬午，七年，春三月朔，日食。

罷秦王廷美爲西京留守。

夏四月，以竇偁、郭贄參知政事。勒秦王廷美就第，流盧多遜于崖州。○注：秦王之冤、多遜之逐，皆趙普懷奸肆陷之所致也。厥後京惇①、秦檜、侂冑、彌遠，排斥忠良，操戈王室，謂非趙普之作俑不可也。

五月。

秦王廷美就第。

貶秦王廷美爲涪陵縣公，安置房州。

定難留後李繼捧入朝，獻銀、夏、綏、宥四州。六月，繼捧弟繼遷叛，走地斤澤②。○注：自繼遷叛走而釀成西夏之禍，是亦氣數之適然，夫豈人謀之也耶？

①京惇：當爲『章惇』，北宋神宗、哲宗時有名的奸臣。

②走地斤澤：走，出奔。地斤澤，地名，在今內蒙古伊金霍洛旗西南。

秋九月。

冬十月，竇偁卒。

十一月，十二月朔，日食。

契丹耶律賢死，子隆緒立。○注：在位四十九年，壽六十。

竇偁卒。

以李繼捧爲彰德節度使。

癸未，八年，春正月，罷樞密使曹彬，以王顯、弭德超爲樞密副使。二月朔，日食。以宋琪參知政事。夏五月，河決滑州。○注：河大決滑州之韓村，汎澶、濮、曹、濟諸州，壞民田廬。東南流至彭城，入于淮。詔發丁夫[1]十餘萬塞之。

①丁夫：亦作『丁伕』，服力役的人。

六月，以王顯爲樞密使。秋七月，大水。○注：江、河、漢、睢、穀、洛、瀍、澗水溢，溺死者以萬計。郭贄免，以李昉參知政事。八月，石熙載罷。冬十月，趙普罷。

十一月，以宋琪、李昉同平章事，李穆、呂蒙正、李至參知政事，張齊賢、王沔僉書樞密院事。

甲申，雍熙元年，春正月，求遺書。涪陵公廷美以憂卒。○注：追封涪王，謚曰悼○陛下豈容再誤之言踐矣？噫，普，其忍人也哉！夏四月，羣臣請封禪，許之。

廷美以憂卒。○注：以其子德恭、德隆爲刺史。

以呂文仲爲翰林侍讀，王著爲侍書。○注：帝勤于讀書，自巳至申，然後釋卷。詔史館修《太平御覽》一千卷。

李穆卒。

五月，乾元文明殿災。六月，詔求直言，罷封禪。冬十月，華山隱士陳摶入朝。○注：賜號希夷先生。還華山，尋卒。

十二月，立妃李氏爲皇后。○注：后，淄州刺史處耘之女。

乙酉，二年，春二月。

秋九月。

冬十二月朔，日食。宋琪免。南康軍大雨雪，江水冰。

廢楚王元佐爲庶人。○注：元佐，帝長子，因廷美，遂發狂疾。

封陳洪進爲岐國公。

李繼遷誘殺都巡檢使曹光實，遂襲銀州，據之。

丙戌，三年，春正月，李至罷。

二月。

三月。夏五月。

六月朔，日食。以辛仲内參知政事。

以曹彬、田重進、潘美等爲都部署，將兵伐契丹。

李繼遷降契丹。

曹彬取涿州。田重進敗契丹兵于飛狐①。潘美取寰、朔、應、雲州。岐公陳洪進卒。

潘美副將楊業擊契丹，敗績，轉戰至陳家谷，死之。

①飛狐：地名，即飛狐口，今名北口峪，是太行山脈的最東端，位于河北省張家口市。

秋七月。八月，以王沔、張宏爲樞密副使。		貶曹彬爲右驍衛上將軍，以張齊賢知代州。	
冬十二月。		張齊賢敗契丹于代州。李繼遷請婚于契丹，契丹以女歸之。	契丹隆緒大舉入寇，遂掠邢、深、德州。契丹以女妻李繼遷。
丁亥，四年，夏四月，遣使募兵于諸州。			
戊子，端拱元年，春正月，親耕籍田。赦。二月，改補闕、拾遺爲司諫、正言。李昉罷。		改封錢俶爲鄧王。	

以趙普爲太保兼侍中，呂蒙正同平章事，以王沔參知政事，楊守一僉書樞密院事。

夏五月，作秘閣。

秋八月。

以李繼捧爲定難節度使，賜姓名趙保忠。○注：李繼遷侵擾日甚。趙普復請命繼捧鎮夏州。帝召見，加賜遣之。

鄭州團諫使侯莫、陳利用有罪，賜死。

鄧王錢俶卒。○注：俶卒，輟朝七日。追封秦國王，謚忠懿。命中使護喪，葬洛陽。自鏐至俶，世有吴越，而俶任太師、尚書令兼中書令者，四十年，爲天下兵馬大元帥者，三十五年。既以地歸朝，四徙大國，善始令終，窮極富貴，福履之盛，近代無比。

己丑，二年，春正月。自二月不雨，至于夏五月。秋七月，以張齊賢爲樞密副使，張遜僉書樞密院事。彗星出東井。八月，赦。大旱。

契丹陷易州，遷其民于燕。

都巡樞使伊繼倫襲契丹耶律休哥于徐河，大敗之。

庚寅，淳化元年，春正月。趙普罷。夏四月，詔貸江州義門陳競粟。

○注：競，陳宜都王叔明之後。

九世同居，長幼凡七百口。不畜僕妾，上下姻睦，人無間言。唐僖宗及南唐時，旌其門。開寶初，免徭役。至是，每歲貸粟二千石。

冬十二月。

辛卯，二年春，閏二月朔，日食。辛仲甫罷。夏四月，以張齊賢、陳恕參知政事，張遜、温仲舒、寇准爲樞密副使。張宏罷。

六月。

李繼遷，契丹封爲夏王。

忠武節度使、韓公潘美卒。○注：謚武惠。

契丹封李繼遷爲夏王。

秋七月。八月，置審刑院。九月，王沔、陳恕、呂蒙正罷。以李昉、張齊賢同平章事，賈黃中、李沆參知政事，王顯免，以張遜知樞密院事，温仲舒、寇準同知院事。

冬十月。

壬辰，三年，春二月朔，日食。

李繼遠請降。以爲銀州觀察使，賜姓名趙保吉。

趙保忠叛降契丹，契丹封爲西平王。彭城公劉繼元卒。○注：追封彭城郡王。

契丹封趙保忠爲西平王。女真請伐契丹，不許。○注：自是不復入貢，遂屬契丹。

夏六月，置常平倉于京師。

秋七月，趙普卒。召終南隱士种放，不至。〇注：放，洛人。

趙普卒。〇注：卒年七十一。帝聞之震悼。史臣曰：陳橋之事，人謂普及太宗先知其謀，理勢或然。及其當揆，獻可替否，惟義之從，其功大矣。獨廷美、盧多遜之獄，大爲太宗之累，豈其學力有限而猶有患得患失之心與？君子惜焉。

癸巳，四年，春二月朔，日食。置審官院。

夏五月。

以錢若水爲翰林学士。

交州黎桓入貢，詔封爲交阯郡王。〇注：桓遣使來貢，并上丁璿讓表。朝廷憫孫全興之敗，許之。詔封交阯郡王，尋進封南平王。

六月，張齊賢罷，以吕端參知政事。張遜、寇準免，以柴禹錫知樞密院事，劉昌言同知院事。秋八月朔，日食。九月，大水。冬十月，河決澶州。以吕蒙正同平章事，蘇易簡、趙昌言參知政事，趙鎔、向敏中同知樞密院事。
閏月，周太后苻氏卒。○注：周太宗后也。

	以陳恕爲三司總計使。

甲午，五年，春正月，饑。		趙保吉寇靈州。以李繼隆爲河西都部署討之。	
三月。		李繼隆入夏州，執趙保忠赴京師。	
夏四月，置起居院。		削趙保吉姓名，隳夏州城。	
五月。		賜趙保忠爵宥罪侯。	
秋七月。		李繼遷遣使來貢。	高麗請伐契丹，詔諭止之。
八月。		以張詠知益州。	
九月，以寇準參知政事。	以襄王元侃爲開封尹，進封壽王。○注：元侃，帝第三子，欲立爲皇太子，故爲開封尹，進封壽王。		

冬十二月朔，日食。

以陳恕爲鹽鐵使。

乙未，至道元年，春正月，帝觀燈于乾元樓。劉昌言免，以錢若水同知樞密院事。

夏四月，吕蒙正、柴禹錫、蘇易簡罷。以吕端同平章事，張洎參知政事，趙鎔知樞密院事。開寶皇后宋氏崩。貶翰林學士王禹偁知滁州。○注：后疾甚，遷于故燕國長公主第。崩，權殯佛舍，羣臣不成服。禹偁對客言，后嘗母儀天下，當遵舊禮。帝不悦，坐謗訕，責知滁州。王禹偁立朝敢言，以直躬行道爲己任。

契丹寇府州，折御卿擊敗之。

契丹寇雄州，何承矩禦却之。

六月。

秋八月，立元侃爲皇太子，更名恒。大赦。

冬十二月。

以李繼遷爲鄜州節度使，繼遷不奉詔。

契丹寇府州，折御卿禦之，卒于軍。

丙申，二年，春二月，以李昌齡參知政事。

夏四月。秋七月，寇準免。

以太祖孫惟吉爲閬州觀察使。○注：惟吉，魏王德昭長子也，太祖崩時裁①六歲。

遣李繼隆等分道討李繼遷。

①裁：通『才』，只有。

八月。九月，秦晉諸州地震。大有年①。	丁酉，三年，春正月，張洎罷。以温仲舒、王化基參知政事，李惟清同知樞密院事。葬孝章皇后。〇注：開寶皇后崩，至是踰三年而始葬，太宗無兄之心，益著矣。分天下州軍爲十五路。三月，帝崩，太子恒即位。〇注：帝不豫。宣政使王繼恩忌太子英明，陰與李昌齡、胡旦等，謀立楚王元佐。后召吕端問之，
李繼隆副將范廷召遇李繼遷于烏白池，擊敗之。繼隆不見虜而還。	

①大有年：五穀大熟，爲大有年，即大豐收。

端曰：『陛下立太子正爲今日，豈容更有異議？』后默然，乃奉太子至福寧殿即位，垂簾引見羣臣。端平立殿下不拜，請捲簾審視，然後率羣臣拜焉。

按：太宗沉謀英斷、勤儉自勵，故能削平海内，功業炳然。但太祖之崩不踰年而改元，涪陵、武功之不得其死，宋后之不成喪，俱倫常之有虧者，後世不能無議焉。

夏四月，尊皇后爲皇太后。以李至、李沆參知政事。

五月，立郭氏爲皇后。○注：宣徽南院使守文之女也。

六月，錢若水請罷，許之。

追復涪王廷美爲秦王，復封兄元佐爲楚王。

李昌齡有罪，貶爲司馬，降王繼恩均州安置，流胡旦于尋州。○注：討謀立楚王之罪也。

秋八月，趙鎔、李惟清罷，以曹彬爲樞密使，向敏中、夏侯嶠爲副使。冬十月，葬永熙陵。

十二月，追尊太宗賢妃李氏爲皇太后。○注：帝生母也。

李繼遷請降，以爲定難節度使，復賜姓名趙保吉。○注：繼遷四世祖思忠，討黄巢立功，唐因以李賜姓，遂有西夏之地。開寶七年，以定難都知蕃落使[①]叛。乍臣乍叛[②]，但賜其姓名與削耳。噫，削亦叛，賜亦叛，于賜與削，果何益哉？

①都知蕃落使：官名，唐宋時爲定難軍府的屬官。　②乍臣乍叛：時而臣服，時而叛變。

真宗皇帝。○注：名恒，太宗子，在位二十五年。壽五十五歲。戊戌咸平元年，春正月，彗星見。詔求直言。夏四月，遣使按諸路逋負①，悉除之。五月朔，日食。冬十月朔，日食。呂端、李志、温仲舒、夏侯嶠罷，以張齊賢、李沆同平章事，向敏中參知政事，楊礪、宋湜爲樞密副使。

十一月。

契丹耶律休哥死。○注：休哥鎮燕十有七年，省賦役，恤孤寡，戍兵無犯邊境。雖牛馬逸于北者，悉來還。

①逋負：拖欠的賦税、債務。

己亥，二年春，閏三月，旱。求直言。夏六月，樞密使兼侍中魯公曹彬卒。秋七月，初給外任官職田。○注：以官莊及遠年逃田充之。以王顯爲樞密使。九月朔，日食。

冬十月。十二月，帝自將禦契丹，次于大名。

庚子，三年，春正月，帝至自大名。

魯公曹彬卒。○注：彬仁恕清慎，能保功名，守法度，爲宋良將第一。追封濟陽王，謚武惠。

契丹隆緒大舉入寇。

契丹引還，范廷召追敗之。

二月，王顯罷，以周瑩、王繼英知樞密院事，王旦同知院事。三月朔，日食。

夏四月，太子太保呂端卒。冬十一月，張齊賢免。

辛丑，四年，春二月，詔羣臣子弟補京官者試一經。三月，以呂蒙正、向敏中同平章事。王化基罷，以王旦參知政事。馮拯、陳堯叟同知樞密院事。

呂端卒。○注：謚正惠。

夏四月，以王欽若參知政事。六月，汰冗吏。頒九經于州縣學校。秋八月，以張齊賢爲涇原諸路經略使。			回鶻八頁①。
九月。		趙保吉反陷清遠軍。	
冬十月。			契丹寇遂城，都部署王顯敗之。
壬寅，五年，夏六月，周瑩罷。秋七月朔，日食。九月。冬十月，向敏中免。		召种放爲左司諫、直昭文館。	
癸卯，六年，春二月。		以六谷酋長潘羅支爲朔方節度使。	

①八頁：当爲『入貢』二字。

夏四月。六月，以寇準爲三司使，陳恕罷。秋九月，呂蒙正罷。冬十一月，有星孛于井鬼。

十二月。

甲辰，景德元年，春正月，京師地震。○注：丙申震，癸卯、丁未復震。三月，皇太后李氏崩。○注：謚曰明德。

以願戮力①討趙保吉也。

復以張詠知益州。

趙保吉陷西涼，殺丁惟清。朔方節度使潘羅支會蕃部，擊敗之。保吉走死，子德明嗣。

①戮力：并力，合力。戮，通『勠』。

夏六月。

秋七月，尚書右僕射、同平章事李沆卒。以畢士安參知政事。

八月，以畢士安、寇准同平章事，王繼英爲樞密使，馮拯、陳堯叟僉書樞密院事。

閏九月。冬十月，置龍圖閣。

十一月，契丹進寇澶州，帝自將禦之。以王旦爲東京留守。

趙保忠卒。

李沆卒。〇注：帝謂沆忠良純厚，始終如一。贈太尉、中書令，謚文靖。

盜殺朔方節度使潘羅支。

契丹隆緒大舉入寇。

契丹進寇澶州。

十二月朔，日食。帝渡河，次澶州，契丹請盟而退。帝至自澶州。			契丹請盟而退。
乙巳，二年，春正月，大赦。		以馬知節、楊延昭等知河北諸州。	
二月。		山南東道節度使李繼隆卒。○注：繼隆，處耘之子。	
夏四月，王欽若罷，以馮拯參知政事。			韃靼九部致貢于契丹。
秋七月，增置制舉六科。○注：曰：賢良方正能直言極諫，博通典墳達于教化，才識兼茂明于體用，詳明吏理①，識洞韜略運籌決勝，軍謀宏遠材任邊寄，凡六科。			歸幣于契丹。○注：自是歲以爲常。○歸者，彼有求而弗與之辭也。

①此处当脱『可使從政』四字。

八月，有星孛于紫微。以向敏中知延州。

冬十月，吏部侍郎同平章事畢士安卒。

畢士安卒。○注：帝謂士安『飭躬畏謹，有古人之風。』謚文簡。

十一月，契丹遣使者來聘。

契丹入聘。

丙午，三年，春二月，罷寇准知陝州。○注：澶淵之役，苟無寇准，則天下分爲南北矣。兹因王欽若以陛下爲孤注之言，出知陝州，真宗于聽德之聰有少虧，而亦不能無過焉。以王旦同平章事，趙安仁參知政事。以王欽若、陳堯叟知樞密院事。韓崇訓、馬知節僉書院事。置諸州常平倉。

王繼英卒。

夏五月。

冬十月，葬明德皇后。

丁未，四年，春正月，帝如西京謁諸陵，作太祖神御殿，三月還宮。夏四月，皇后郭氏崩。○注：謚曰莊穆。五月朔，日食。增孔子守塋户。○注：九二千户。

趙德明請降，詔以爲定難節度使。

南平王黎桓死，子龍廷殺其兄龍鉞而自立。

契丹城遼西爲中京。

六月，葬莊穆皇后。

秋七月。八月，韓崇訓罷。

戊申，大中祥符元年，春正月，有天書見于承天門。大赦，改元。三月，詔議封禪。夏四月，以王旦兼封禪大禮使。六月，得天書于泰山，羣臣上帝尊號。作玉清昭應宫。○注：奉天書也。冬十月，帝封泰山，禪社首。大赦。

交州黎龍廷入貢，詔封爲交趾郡王，賜名至忠。

十一月，帝過曲阜，謁孔子，加謚玄聖文宣王。還宮。	己酉，二年，春二月。三月朔，日食。夏四月，三司使丁謂上封禪祥瑞圖。 冬十二月，罷制舉諸科。		庚戌，三年，春二月，贖呂端第，賜其家。
	以方士王中正爲左武衛將軍。○注：漢以欒大爲五利將軍，宋以王中正爲左武衛將軍，俱非其義。		
		契丹隆緒母蕭氏死。	交州將李公蘊殺其主黎至忠，遣使入貢，詔封公蘊爲交阯郡王。

夏五月。

冬十一月。

辛亥，四年，春二月，帝祭后土于汾陰，大赦。二月，召陝州隱士魏野，不至。帝過西京，遂謁諸陵。夏四月還宮。太子師呂蒙正卒。秋七月，馮拯罷。

呂蒙正卒。○注：謚文穆。

○注：交州自丁氏竊據以來，不數十年，幾三易姓，其禍慘矣。

高麗康肇弒其主誦，立誦兄詢而相之。

契丹伐高麗，執康肇誅之。王詢奔平州。

壬子，五年，夏四月，復以向敏中同平章事。五月，賜杭州隱士林逋粟、帛。秋八月朔，日食。九月，罷參知政事趙安仁。以王欽若、陳堯叟爲樞密使，丁謂參知政事，馬知節爲樞密副使。冬十月，帝言聖祖降于延恩殿。○注：聖祖指太祖言也。十一月，以王旦兼玉清昭應宫使。作景靈宫。○注：奉聖祖也。改孔子謚。○注：以玄字犯聖祖諱，改玄聖爲至聖。

高麗王詢乞降于契丹。

十二月，立德妃劉氏爲皇后。○注：后，虎捷都指揮使通之女。

癸丑，六年，春正月，禁内臣出使干預公事。冬十二月朔，日食。獻天書于朝元殿。

甲寅，七年，春正月，帝如亳州，謁老子於太清宮。以應天府爲南京。二月，還宮，大赦。

夏四月。

六月，王欽若、陳堯叟、馬知節免。司空張齊賢卒。以寇準爲樞密使。

張齊賢卒。○注：謚文定。

沙洲入貢。

契丹伐高麗，大敗而還。

冬十月。十一月，玉清昭應宮成。○注：作此宮以奉天書也。十二月朔，司天監奏日食，不應。户部獻天下民數。○注：户九百五萬五千七百二十九，口二千一百九十七萬六千九百六十五。	乙卯八年，春二月。夏四月，寇準罷，以王欽若、陳堯叟爲樞密使。朝元殿火。
	加楚王元佐天策上將軍，賜劍履上殿，詔書不名。
高麗入貢。	

六月朔，日食。

秋九月，賜信州道士張正隨，號真静先生。○注：初，漢張魯子自漢中徙居信州龍虎山，世以鬼道惑衆。正隨，其後也。

樞密直學士知陳州張詠卒。

吐蕃唃廝囉請伐夏州。不許。

丙辰，九年，夏六月，畿内蝗。秋九月，丁謂、陳堯叟免，以陳彭年、王曾、張知白參知政事，任中正爲樞密副使。罷諸營建。

丁巳，天僖元年，夏五月，以王旦爲太尉侍中，參決軍國重事。旦固辭，許之。秋七月，王旦罷。○注：旦疾甚，求避位，帝許之。

八月，以王欽若同平章事。

九月，王曾罷，以李迪參知政事，馬知節知樞密院事，曹利用、任中正同知院事。太尉、玉清昭應宮使王旦卒。

戊午，二年，夏閏四月，馬知節罷。六月，以曹利用知樞密院事。彗星出北斗。秋八月，立子受益爲皇太子，更名禎。赦。〇注：受益，司寢李氏所生，皇后養以爲子，與楊淑妃同撫育之。祥符九年，封壽春郡王，就學于資善堂。未幾，進封昇王。至是，立爲皇太子。

王旦卒。〇注：玉清昭應宮使，異端之銜也。綱目于旦卒而書其銜者，著其終身之醜[1]行也。

①醜：簡化爲『丑』，丑陋。

冬十月。十二月，張知白罷。○注：知白與欽若論議，多相失，因稱疾辭。

己未，三年，春三月朔，日食。得天書于乾佑山。夏六月，王欽若有罪免，以寇準同平章事。○注：巡檢朱能挾内侍都知周懷政，詐爲天書，時寇準知永興軍府，聞詔迎入禁中。中外皆識其詐，帝獨信之。魯宗道、孫奭皆切諫，不聽。準由是得召用矣。以丁謂參知政事。河決滑州。○注：泛澶、濮、鄆、濟、徐境。

契丹伐高麗，戰于茶陀二河，大敗。

秋七月，羣臣上帝尊號，大赦。

八月，大會道釋于天安殿。○注：凡萬三千八十六人，真宗可謂愚惑之甚矣。○冬十一月，帝謁景靈宮，享太廟，祀天地于圜丘，大赦。

庚申，四年，春二月，帝有疾，不視朝。三月，尚書左僕射同平章事兼景靈宮使向敏中卒。

夏四月，有兩月并見①西南。○注：月乃陰魄借陽以明。兩月并見，陰盛之極，與陽相抗，君道之虧，莫明于此矣。六月，寇準罷。秋七月，以李迪、丁謂同平章事，馮拯爲樞密使。貶寇準知相州。

彰德留後馬知節卒。

向敏中卒。○注：敏中端厚沉毅，識大體，善處繁劇，時以重德目之。

高麗求成于契丹。

①見：今作『現』。

八月，以任中正、王曾參知政事，錢惟演爲樞密副使，貶寇准爲道州司馬。九月，帝疾瘳①。冬十一月，李迪、丁謂罷，翌日謂復留視事。召太子參議朝政，以馮拯同平章事。

辛酉，五年，春正月，以張士遜爲樞密副使。秋七月朔，日食。

九月。冬十一月，貶王欽若爲司農卿，分司南京。

吐蕃唃厮囉來降。

①瘳：病癒。

壬戌，乾興元年，春二月，羣臣上帝尊號。帝崩，遺詔皇后權處分軍國事。太子禎即位，尊皇后爲皇太后。

胡一桂曰：『真宗景德以前足爲繼世之賢君，祥符以後不過矯誣上天之主。』呂中曰：『景德以前之相，呂端、張齊賢、李沆、呂蒙正、畢士安、寇準、王旦，皆君子，而李沆之賢爲最；祥符以後，王欽若、陳堯叟、馮拯、丁謂、曹利用，皆小人，而欽若之奸邪爲最。雖有向敏中、李迪，亦不踰時去矣。吁，以數君子成之不足，以一小人敗之有餘，相道之關于君德，如此夫！』

夏四月，貶寇準爲雷州司户。李迪爲衛州團練副使。○注：丁謂纔相，即欲殺準者，慮其復起而奪之位也，故累貶之。然恐其不死，又賜劍以迫之，何其殘忍若是也。然準亦不得謂無罪也：彼天書何等物，準則藉其復進；懷政何等人，準則聽其附己。君子立身行己之要，萊公想未之講[①]，張益州謂其不學無術，其信然[②]矣。

①未之講：未講之，没有研究、探究(過)它。 ②信然：確實如此。

六月，契丹遣使來吊祭。丁謂、任中正免。秋七月朔，日食，幾盡。以王曾同平章事，吕夷簡、魯宗道參知政事，錢惟演爲樞密使。丁謂有罪，貶崖州司户參軍。八月，太后同御承明殿聽政。冬十月，葬永定陵，以天書殉。

十一月，錢惟演罷。以張知白爲樞密副使。帝初御經筵。

內侍雷允恭伏誅。

契丹遣使弔祭。

吐蕃李立遵來附。

仁宗皇帝。○注：名禎，真宗子，在位四十一年，壽五十四歲。癸亥，天聖元年，春正月，立計置司，罷榷茶鹽，行貼射通商法。秋九月，馮拯罷，以王欽若同平章事。

閏月，故相寇準卒于雷州。

故相寇準卒。○注：詔許歸葬西京。○史臣曰：準論建太子，謂不可謀及婦人、謀及中官、謀及近臣。澶淵之幸，力沮衆議，竟成雋功。古所謂大臣者，于斯見之。然挽衣留諫而詆同列，雖有直言之風，而少包荒之量。

甲子，二年，夏五月朔，司天監奏日食，不應。秋八月，帝臨國子監，謁孔子。冬十一月，立皇后郭氏。○注：后，平盧節度使崇之孫女。時張美人有寵，帝欲立之，太后不可而止。故后雖立而頗見疎[1]。

乙丑，三年，冬十月，以晏殊爲樞密副使。十一月，王欽若卒。十二月，以張知白同平章事，張旻爲樞密使。

定策禁中，不慎所與，致啟懷政邪謀，坐竄南裔[2]。勳業如是而不令厥終，所謂『臣不密則失身』，信哉！

王欽若卒。

①疎：同『疏』。　②裔：邊遠的地區。

丙寅，四年，夏五月。六月，大水。○注：京師大雨，平地水數尺。冬十月朔，日食。			契丹伐回鶻，圍甘州，兵敗而還。○注：自是黨項、阻卜[①]諸部皆叛，契丹兵將多敗死。
丁卯，五年，春正月朔，帝率羣臣朝太后于會慶殿。晏殊罷，以夏竦爲樞密副使。夏五月。	楚王元佐卒。		
戊辰，六年，春二月，工部尚書同平章事張知白卒。三月朔，日食。以張士遜同平章事，姜遵、范雍爲樞密副使。		張知白卒。	

①阻卜：遼金對韃靼的稱呼，其名僅見於《遼史》。

夏五月。

趙德明使其子元昊襲回鶻甘州，取之。○注：德明雖臣事中國及契丹，于本國則稱帝。至是以元昊立爲皇太子。

己巳，七年，春正月，曹利用罷。二月，參知政事魯宗道卒。張士遜罷。以吕夷簡同平章事，夏竦、薛奎參知政事，陳堯佐爲樞密副使。安置曹利用于房州，至襄陽自殺。復制舉諸科。○注：詔復賢良方正等六科。

魯宗道卒。○注：剛正嫉惡，遇事敢言。曹利用自殺。

三月。夏六月，玉清昭應宮災，罷王曾知兗州。

秋八月朔，日食。以陳堯佐、王曙參知政事，夏竦爲樞密副使。冬十月，京師地震。

十一月。

出秘閣校理范仲淹通判河中。

給契丹流民田。

契丹詳穩①大延琳，據遼陽反。冬十月，契丹將蕭孝穆討平之。○注：大延琳是遼東附契丹者，至是爲變僭號，契丹主徵兵討之。

①詳穩：遼官職名（將軍）。大延琳：人名。

庚午，八年，秋九月，姜遵卒，以趙稹爲樞密副使。

辛未，九年，夏六月。

契丹隆緒死，子宗真立，其母蕭耨斤治國事。○注：宗真在位二十四年，壽四十。

秋七月。

遣龍圖閣待制孔道輔等使契丹。○注：主弔祭也。

壬申，明道元年，春二月，以張士遜爲同平章事。真宗宸妃李氏卒。○注：李氏，杭州人，實生帝者。太后既取帝爲己子，與楊太妃保護之。人畏太后，無敢言者，故帝雖春秋長，不自知爲李氏出也。李氏疾革[①]，太后欲以宫人禮治喪于外。

①疾革：病情危急。

吕夷簡力爭之。乃殮以后服，以水銀實棺，以一品禮殯于洪福院。

三月。秋七月，王曙罷，以晏殊參知政事，楊崇勳爲樞密副使。宮中火，詔羣臣言闕①失。九月，復作受命寶。○注：以舊寶册爲宮火所焚故也。

冬十一月，以楊崇勳爲樞密使。

夏王趙德明卒，子元昊嗣。

契丹蕭耨斤，弑其主母蕭氏。○注：耨斤慮契丹主懷齊天后鞠育之恩，因其蒐②于雪林，遣人馳至，賜死。○以媵妾而弑其主母，其惡極矣。

①闕：今同『缺』，過失。

②蒐：音『搜』，二者可通假，尋找、求索。這裏是聚集、田獵之意。

○注：是歲，封德明爲夏王，未幾，卒，贈太師、尚書令兼中書令。遣楊吉授元昊三使，封西平王。契丹亦遣使册元昊爲夏國王。因避父諱，改明道爲顯道，稱于國中。

癸酉，二年，春二月，彗星見于東北。○注：不踰年而元昊反。太后有事于太廟。○注：婦人無事不踰閫閾，况在朝廷，尤宜加謹。前書太后同御承明殿，已失國體，至是又復有事于太廟，且被服天子衮冕，則其他可知矣。帝耕籍田。三月，皇太后劉氏崩，尊太妃楊氏爲皇太后，帝始親政。夏四月，吕夷簡、張耆、夏竦、陈堯佐、范雍、趙稹、晏殊罷。以李迪同平章事，王隨參知政事，李諮爲樞密副使，王德用僉書樞密院事。

追尊母宸妃李氏爲皇后。○注：左右有爲帝言『陛下乃李宸妃所生』，謂妃死非命。帝號慟，尊爲太后，易梓宮①，視之，玉色如生，被服如皇后。帝乃待劉氏加厚。○吕夷簡先見之功也。六月朔，日食。秋七月，旱蝗。詔求直言。冬十月，葬莊獻明肅○注：劉氏皇后、莊懿○注：李氏皇后于永定陵。張士遜、楊崇勳罷，以吕夷簡同平章事，宋綬參知政事，王曙爲樞密使，王德用、蔡齊爲副使。

①梓宮：皇帝、皇后的棺材。

十一月，贈寇準中書令。○注：復萊國公，謚忠愍。薛奎罷。廢皇后郭氏，謫御史中丞孔道輔、右司諫范仲淹。○注：因諫廢皇后也。

甲戌，景祐元年，春正月，置崇政殿説書。

夏五月。

同姓王	
異姓臣	
夏割據	
遼	契丹宗真幽其母蕭氏于慶州。○注：太后蕭氏欲立少子重元，事泄，宗真幽之。

秋七月。

八月，有星孛于張翼。王曙卒，以王曾爲樞密使。九月，立曹氏爲皇后。○注：彬之女孫也。

冬十月。

乙亥，二年，春正月，作邇英、延義二閣。○注：孫奭嘗上無逸圖，帝命施于講讀閣。至是又詔蔡襄寫無逸篇于閣屏。

王曙卒。

趙元昊反，寇環、慶。

趙元昊進毒，弒其母衛慕氏。○注：母族人山喜，謀殺元昊，事覺，元昊酖[①]其母殺之。沉山喜之族于河。

①酖：同『鴆』，用毒酒害人。

二月，育宗室允讓子宗實于宮中。○注：宗實，太宗之曾孫，商王元份之孫，江寧節度使允讓之子也。帝未有儲嗣，取入宮，命皇后拊鞠[1]之，生四年矣。李迪罷。以王曾同平章事，蔡齊、盛度參知政事，王隨、李諮知樞密院事，王德用、韓億同知院事。秋七月，作睦親宅。○注：即玉清昭應宮故地也。冬十一月，故后郭氏暴卒，詔竄[2]内侍閻文應于嶺南。注：閻文應弑之也。詔録五代及諸國後。

①拊鞠：養育。 ②竄：放逐。

十二月。

丙子，三年，夏五月。

冬十月。

十一月，皇太后楊氏崩，謚曰莊惠，祔葬永定陵。

貶知開封府范仲淹及集賢校理余靖、館閣校勘尹洙、歐陽修于外。詔戒群臣越職言事。

李諮卒。

吐蕃唃廝羅，大敗趙元昊于河湟。

契丹初殿試進士。○注：效中國禮義之事。

以王德用知樞密院事，章得象同知院事。

十二月。

丁丑，四年，春二月，祠赤帝于宮中。○注：祈嗣也。夏四月，呂夷簡、王曾、宋綬、蔡齊罷，以王隨、

趙元昊侵回鶻，取瓜、沙、肅州。○注：元昊既悉有夏、銀、綏、宥、靜、寧、靈、鹽、會、勝、甘、涼，又取瓜、沙、肅州，而洪、定、威、龍，皆即堡鎮號爲州。仍居興州，地方萬里，改元大慶。設十六司以總庶務，置十二監軍司。

陳堯佐同平章事，韓億、程琳、石中立參知政事，盛度知樞密院事，王鬷同知院事。冬十二月，地震。○注：京師及定、襄、并、代、忻州，皆震，而并、代、忻尤甚，彌千五百里，誠大異也，壓死及傷者，不計其數。

戊寅，寶元元年，春正月，求直言。以張士遜、章得象同平章事，王鬷、李若谷參知政事，王博文、陳執中同知樞密院事。夏四月，王博文卒，以張觀同知密院事。

冬十月，詔戒百官朋黨。

趙元昊殺其叔父山遇，稱帝于夏州。

十一月，沂公王曾卒。

十二月，京師地震。

己卯，二年，夏五月，募民入粟實邊。五月，罷王德用，以夏守贇知樞密院事。

王曾卒。〇注：謚文正。曾性資端厚。在朝廷進止有常處，平居寡言笑，人不敢干以私。進退[①]士人，莫有知者。

以夏竦爲涇原秦鳳安撫使，范雍爲鄜延環慶安撫使，經略夏州。

加吐番唃斯羅保順節度使。〇注：加以節鉞[②]，欲其共擊元昊，然卒未聞有破賊之績。

①進退：提拔或罷免（官吏）。②節鉞：符節和斧鉞。古代授予將帥，作爲加重權力的標誌。

六月。	秋七月。	冬十一月，盛度、程琳罷，以王鬷知樞密院事，宋庠參知政事。	庚辰，康定元年，春正月朔，日食。除越職言事之禁。三月，王鬷、陳執中、張觀免。○注：鬷以帝問邊事不能對也。以晏殊、宋綬知樞密院事，王貽永同知院事。
			命知制誥韓琦安撫陝西。
削趙元昊賜姓、官爵。		夏人寇保安軍，巡檢指揮使狄青擊敗之。	元昊寇延州，副總管劉平、石元孫戰没。二月貶范雍知安州。
	契丹宗真迎其母蕭氏于慶州。		

夏五月，張士遜致仕，以呂夷簡同平章事。	秋八月，以杜衍同知樞密院事。	九月，李若谷罷，以宋綬、晁宗愨參知政事。以晏殊爲樞密使，王貽永、杜衍、鄭戩爲副使。	冬十二月，宋綬卒。	辛巳，慶歷元年，春正月。	二月。
以夏竦爲陝西經略安撫招討使，韓琦、范仲淹副之。	以范仲淹兼知延州。		宋綬卒。		
元昊陷塞門諸砦。		元昊寇三州諸砦，環慶副總管任福攻其白豹城，克之。		元昊遣人至延州議和，范仲淹以書諭之。	元昊寇渭州，任福與戰

三月。

夏四月。五月，宋庠、鄭戩罷，以王舉正參知政事，任中師、任布爲樞密副使。

秋八月。

冬十月。

	貶范仲淹知耀州。	以陳執中同陝西安撫經略招討使。		夏竦、陳執中免。分陝西爲四路，以韓琦、王沿、范仲淹、
于好水川，敗死。貶韓琦知秦州。			元昊陷豐州。	

壬午，二年，春三月，晁宗慤罷。契丹來求關南之地，夏四月，遣知制誥富弼報之。五月，以大名府爲北京。

秋七月，任布罷，以吕夷簡、章得象兼樞密使，加晏殊同平章事。富弼還，復如契丹。

原籍[1]兼經略安撫招討使。

富弼如契丹。

富弼復如契丹。○注：顏真卿之使，李希烈、盧杞陷之也；富弼之使契丹，吕夷簡欲陷之也。真卿死于希烈，鄭公不屈契丹，事雖不同，而忠義則同也。若夫夷簡之事仁宗，首倡廢后之謀，繼排斥忠良，今又欲陷鄭公，君子原情定罪，不當置夷簡于盧杞之下。

契丹遣使如宋，求關南之地。

①原籍：当为『庞籍』，人名，北宋官员。

九月，暨契丹平。

冬十一月，征處士孫復爲國子監直講。以富弼爲翰林學士，辭不拜。○注：弼不居契丹平之功也。

癸未，三年，春正月，元昊上書請和。二月，立四門學。三月，以呂夷簡爲司徒，同議軍國大事。

以韓琦、范仲淹、龐籍爲陝西安撫經略招討使，置司涇州。

元昊寇，鎮戎軍副總管葛懷敏會兵禦之，敗死。元昊遂大掠渭州。

元昊上書請和。

以晏殊同平章事兼樞密使，賈昌朝參知政事，富弼爲樞密副使，弼固辭不拜。○注：弼不受賞，見契丹之和好不可恃，而中國之備，不可懈也。

召夏竦爲樞密使。

夏四月，以韓琦、范仲淹爲樞密副使，杜衍爲樞密使。自正月不雨，至于是月。帝禱于西太乙宫，是日雨。吕夷簡罷。五月朔，日食。秋七月，王舉正罷。八月，范仲淹參知政事，富弼爲樞密副使。

以歐陽①、王素、蔡襄知諫院，余靖爲右正言。

①此處當缺『修』字，歐陽修、王素等人于慶曆二年被任爲諫官。

九月，任中師罷。冬十二月，河北雨赤雪，河東地震。		以韓琦爲陝西宣撫使。		
甲申，四年，春正月，帝復御經筵。○注：即位之初御經筵，至是垂二十年，僅克再見，豈不深可惜哉？	荊王元儼卒。○注：元儼，太宗第八子。嚴毅不可犯，天下崇憚之，名聞外夷，呼爲八大王。			
三月，詔天下州縣立學，行科舉新法。				契丹党項諸部叛，附于夏。
夏四月，作太學。五月，帝謁孔子。			元昊復遣使上表。	
六月，開寶寺塔火。京師旱，蝗。		以范仲淹爲陝西河東宣撫使。		契丹初修國史。

秋七月，大封宗室。○注：時祖、宗之後未有封王爵者，帝用富弼議，封秦王廷美子德文爲東平王，潤王元份子允讓爲汝南王，燕王德昭孫從藹爲潁國公，岐王德芳孫從照爲安國公。同時封王公者，凡十人。許公呂夷簡卒。九月，晏殊罷，以杜衍同平章事兼樞密使，賈昌朝爲樞密使，陳執中參知政事。

冬十一月。

十二月。

德文爲東平王，允讓爲汝南王，從藹爲潁國公從照爲安國公。

以富弼爲河北宣撫使。許公呂夷簡卒。

册元昊爲夏國王。

契丹以雲州爲西京。○注：雲州即雲中也。于是契丹境内凡五京，幅員萬里。

乙酉，五年，春正月，罷杜衍、范仲淹、富弼，以賈昌朝同平章事兼樞密使，宋庠參知政事，王貽永爲樞密使，吴育、龐籍爲副使。三月，罷樞密副使韓琦，罷科舉新法。夏四月朔，日食。五月，章得象罷，以陳執中同平章事兼樞密使，吴育參知政事，丁度爲樞密副使。冬十一月，罷京東安撫使富弼。

丙戌，六年，春三月，朔日食。

秋八月，以吴育爲樞密副使，丁度參知政事。	丁亥，七年，春二月，大旱，詔求直言。三月，賈昌朝、吴育免。以文彦博參知政事，高若訥爲樞密副使。帝祷于西太乙宫，是日雨。	冬十一月，太子太傅致仕李迪卒。	戊子，八年，春正月，以文彦博同平章事。○注：貝州卒王則，據城反。以彦博爲河北宣撫使，執王則檻送京師，誅之。詔以彦博同平章事。衛士作亂，伏誅。○注：親從官顔秀等四人作亂。
		太子太傅致仕李迪卒。○注：謚文定	
			元昊卒。○注：元昊子諒祚方期歲，養于母族，訛庞没藏氏所生也。○初，元昊娶遇乞從女野利氏，生甯令哥，欲納没移氏爲妻，見其美，自取[1]之。甯令哥憤，

①取，今做『娶』。

三月，詔君臣言時政闕失。

夏四月，罷丁度，以明鎬參知政事。五月，無雲而震。夏竦免，以宋庠为樞密使，龐籍參知政事。

六月，明鎬卒。河北、京東大水。冬十月，以美人張氏爲貴妃。

己丑，皇祐元年，春正月朔，日食。二月，彗星見。○注：不五月而有儂智高之反。

明鎬卒。

殺元昊，不死，劓其鼻而去，匿訛龐家，爲訛龐所殺。元昊因鼻創而死。

册諒祚爲夏國主。

夏五月，加知青州富弼禮部侍郎，辭不受。○注：弼不受青州救荒之功也。帝幸後苑，觀刈麥。六月，以賈昌朝爲觀文殿大學士，判尚書都省。秋八月，陳執中罷，以宋庠同平章事，高若訥參知政事，龐籍爲樞密使，梁適爲副使。

九月，罷武舉。

廣源州儂智高反，寇邕州。○注：儂氏自唐初即雄于西原。唐末交址强盛，廣源服屬之，知儻猶州。儂全福爲交人所殺，其妻嫁商人，生智高，

冬十月。

庚寅，二年，秋九月，大享天地于明堂，赦。

冬十月。

看姓儂氏。既壯，與其母擄儻猶州建國，曰大歷。交人攻而执之，释其罪，使知广源州。智高怨交趾，乃乘间袭据安德州，僭称南天國，改元景瑞。求内附中國，不許。智高怒，与廣州進士黄師宓謀，据廣南以自王。

夏請平于契丹，契丹不許。

契丹伐夏，獲諒祚之母，平賀蘭以歸。

閏十一月，詔太子中舍致仕胡瑗定雅樂。

辛卯，三年，春正月，帝幸魏國大長公主第。○注：公主，太宗女也。三月，宋庠免，以劉沆參知政事。秋八月，京東、淮、浙饑。

冬十月，文彦博免，以龐籍同平章事，高若訥爲樞密使，梁適參知政事，王堯臣爲樞密副使。

壬辰，四年，夏五月，資政殿學士、汝南公范仲淹卒。以狄青爲枢密副使。

夏竦卒。

汝南公范仲淹卒。

秋七月。

冬十月，以胡瑗爲國子監直講。

○注：謚文正。爲政忠厚，所至有恩。邠慶二州之民與屬羌，皆畫像立生祠，其卒也，哀號如失父母。

儂智高陷邕、横諸州，遂圍廣州。詔鈐轄陳曙等發兵討之。

儂智高陷昭州。

九月，以孫沔爲廣南安撫使，以狄青爲荊湖宣撫使，督諸軍討儂智高。

儂智高陷賓州，

十一月朔，日食。 十二月。 癸巳，五年，春正月，會靈觀火。	
復入于① 狄青勒兵賓州，陳曙兵敗，青斬之以狥②。	狄青夜度昆侖關，大敗儂智高于邕州。智高走大理。廣南平。詔余靖經制廣西，追捕儂智高。召青、沔還朝。○注：後二年，靖遣都監蕭注入特磨道，生獲智高母及其弟智光、子繼宗、繼封。又募死士使大理，求智高。重譯得至，會智高已死于大理，函首至京師。乃誅其母及其弟、子。

①此處當補『邕州』二字。②狥：通『徇』，示眾。

夏五月，高若訥罷，以狄青爲樞密使，孫沔爲副使。秋七月，龐籍罷，以陳執中、梁適同平章事。冬十月朔，日食。

甲午，至和元年，春正月，貴妃張氏卒，追册爲温成皇后。二月，孫沔罷。京師疫。○注：內出犀角二，令太醫和藥以療民，其一通天犀也。左右請留供服，御帝曰：『吾豈貴異物而賤百姓哉？』立命碎之。以田況爲樞密副使。三月，王貽永罷，以王德用爲樞密使。

夏四月朔，日食，用牲于社。秋七月，以程戡參知政事，梁適免。八月，以劉沆同平章事。冬十月，葬温成皇后，祔其主于太廟。

乙未，二年，春三月，改封孔子後世愿爲衍聖公。○注：世愿，孔子四十七代孫。夏六月，陳執中免，以文彦博、富弼同章平事。

秋八月。冬十二月，修六塔河。

丙申，嘉佑元年，春正月，帝有疾，文彥博等宿衛禁中。二月帝疾瘳。閏三月，以王堯臣參知政事，程戡爲樞密副使。夏四月，河決六塔。六月，大水，社稷壇坏。詔求直言。彗出紫微垣。秋八月朔，日食。罷狄青，判陳州。以韓琦爲樞密使。

契丹宗真死，子洪基立。○注：改元清寧，在位四十七年，壽七十歲。

冬十月，王德用罷，以賈昌朝爲樞密使。

十二月，劉沆免，以曾公亮參知政事。

丁酉，二年，春二月，祁公杜衍卒。以翰林學士歐陽修知貢舉。

三月，護國節度使、同平章事狄青卒。夏四月，幽州地大震。○注：壞城郭，覆壓死者數萬人。秋八月，詔諸州置廣惠倉。

以包拯知開封府。○注：呼爲包待制。京師爲之語曰：『關節不到，有閻羅包老①。』

杜衍卒。

狄青卒。○注：謚曰武襄。

①關節不到有閻羅包老：行贿、打通关节这样的行为到不了的地方，只有阎罗王与包拯那里。

○注：韩琦請以天下没入户絶田，使人耕而收其租，别爲倉貯之，以給州縣之老幼貧疾不能自存者，謂之廣惠倉。冬十二月，詔間歲一舉士，置明经科。

戊戌，三年，夏六月，文彦博、賈昌朝罷，以韩琦同平章事，宋庠、田況爲樞密使，張昇爲副使。

秋八月朔，日食。

己亥，四年，春正月朔，日食。用牲于社。夏四月，封周世宗後柴詠为崇義公。秋七月，放宫人。田況罢。

以包拯爲御史中丞。

王堯臣卒。

冬十月，大祫[1]于太庙。

十一月，召河南处士邵雍，不至。

汝南王允讓卒。追封濮王。

庚子，五年，夏四月，程戡免，以孫抃爲樞密副使。五月。

○注：濮王渾厚寬莊，知太宗正寺二十年。宗子好學者，勉進以善；不率教[2]者，勸戒之，不變，始正其罪。人皆畏服。及薨，謚曰安懿。其子宗實，育于宫中。

召王安石爲三司度支判官。○注：安石，臨川人，好讀書，善屬文。曾鞏攜其所撰文以示歐陽修，修爲延譽，擢進士上第。

六月。冬十一月，宋庠免，以曾公亮爲樞密使。以張昇、孫抃參知政事。

歐陽修等上新唐書。

契丹新置国子监。

①大祫：古时天子诸侯宗庙祭礼之一，集远近祖先的神主于太庙合祭。 ②率教：遵从教导。

御批 司馬光立朝行己，正大和平，無幾微之可議，不祇冠有宋諸臣，求之歷代，亦不可多得。其論君道有三，曰仁明武，治道有三，曰任官、信賞、必罰。要言至理，可

歐陽修、陳旭、趙槩爲樞密副使。

辛丑，六年，春三月，起復富弼同平章事，弼固辭，許之。夏四月，陳旭罷，以包拯爲樞密副使。

六月朔，日食。秋八月，以曾公亮同平章事，張昇爲樞密使，胡宿爲副使。

以司馬光知諫院，以王安石知制誥。

書丹扆、陛右，萬世不易也。

閏月，策賢良方正、直言極諫之士。以歐陽修參知政事。冬十月，起復宗實，知宗正寺。固辭不拜。○注：是時，宗實居父濮王之喪，仁宗將起爲嗣，是以命知宗正。宗實固辭，乞終喪，則其賢可知矣。	壬寅，七年，春三月，孫抃罷，以趙槩參知政事吴奎爲樞密副使。	夏四月，樞密副使包拯卒。秋八月，立宗實爲皇子，賜名曙，九月，進封鉅鹿郡公。○注：宗實既終喪，韓琦言：『宗正之命初出，外人皆知必爲皇子，不若遂正其名。』帝從之。琦至中書，召翰林學士王珪草詔。詔下，宗實復稱疾固辭，章十餘上。記室周孟陽請其故。宗實曰：『非敢徼福，以避禍也。』孟陽曰：『今已有此迹，設固辭不受，中人别有所奉，遂得燕安之患乎？』宗實大悟。司馬光又言帝責以大義，詔之宗實，遂受命。將入宫，戒其舍人曰：『謹守吾舍，上有適嗣，吾歸矣。』
		包拯卒。○注：峭直耿介，公正無私，宋室之賢臣也。

癸卯，八年，春三月，帝崩，鉅鹿公曙即位，尊皇后为皇太后。赦。

按：仁宗四十三年，深仁厚澤，敬天恤民，親賢禮士，可谓唐室之贤君矣。然无罪而廢正后，飾非而謫諫官，是誰之过歟？

帝有疾，詔請皇太后權同聽政。立皇后高氏。夏五月，以富弼爲樞密使。

秋七月，帝疾瘳。冬十月，葬永昭陵。

英宗皇帝。○注：名曙，太宗曾孫，仁宗嗣子，在位四年，壽三十六歲。甲辰，治平元年，夏五月，太后還政于帝。加韓琦尚書右僕射。

契丹耶律重元反，兵敗自殺。

○注：帝疾瘳，韓琦欲太后撤簾還政，因自求去以示諷。太后曰：『相公不可去，我當居深宮耳。』遂起琦，即厲聲命撤簾。簾既落，猶于御屏後見后衣也。六月，增置宗室學官。秋七月，詔日開經筵。冬十一月，刺陝西民爲義勇軍。○注：此韓琦之議，司馬光力諫，不聽。光至中書與琦辨，琦不從。卒爲陝西之患。

十二月，吳奎罷。

乙巳，二年，春二月，罷三司使蔡襄。

以內侍爲陝西諸路鈐轄。○注：陝西適當夏人之衝，以刑餘小人爲諸路鈐轄，此實唐人監軍之轍耳。

吐蕃木征以河州內附。

夏四月，詔議崇奉濮王典禮。五月，以陳旭爲樞密副史。秋七月，富弼、張昪罷，以文彦博爲樞密使，吕公弼爲副使。八月，京師大水。詔求直言。

冬十一月。

丙午，三年，春正月，温州火。○注：焚官民居萬四千間，死者五千人。詔稱濮王爲親，立園廟。謫侍御史吕誨等于州縣。○注：帝詔群臣，議崇奉濮王典禮。韓琦謂宜追隆所生。司馬光謂：『汉宣帝爲孝昭帝後，不追尊衛太子史皇孫，光武上繼元帝，不追尊鉅鹿南頓君。請準封贈期親尊屬故事，封以大國。』王珪等議，濮王于仁宗爲兄，宜稱皇伯。

吐蕃唃廝囉死，以其子董氊爲保順節度使。

契丹復改國號曰遼。○注：繼是亦止以遼書之。

歐陽修引喪服大記，以爲爲人後者，爲其父母降服期年而不没父母之命，稱皇伯非禮。琦與曾公亮是修議，吕誨、范純仁、吕大防是珪議。于是，琦等定議，尊濮王爲皇，夫人爲后，帝稱親。帝謙讓，不受皇、后尊號，止稱親。貶吕誨等于州縣。富弼亦與修爭，遂辭相，與修絶。○程伊川嘗云：宜稱伯父、濮國大王。○于時，在廷之臣皆無定議，惟伊川以爲，當稱皇伯父爲得之。

三月，彗星見西方。○注：下月，夏人寇邊。

夏四月，胡宿罷，以郭逵同簽書樞密院事。

夏人寇邊，環慶經略使蔡挺擊走之。

秋九月朔，日食。冬十月，詔禮部三歲一贡举。十一月，帝有疾。十二月，立子頊爲皇太子，大赦。

丁未，四年，春正月，皇帝崩，太子即位，大赦。

按：英宗讓位于受命之初，是未知魚與熊掌之爲美也。至其傳位於子而猶有難色者，是不忍舍魚與熊掌之味也。然則堯舜者，是不有魚與熊掌者也，故至人無欲。

尊皇太后曰太皇太后，皇后曰皇太后。以吴奎爲樞密副使，以韓琦爲司空兼侍中。二月，立皇后向氏。○注：后，太尉敏中之曾孫，定國留後經之女，帝爲颍王時納之。始命公主行見舅姑禮。

御批

司馬光綜史傳爲通鑑,其學殖淹博,文詞最爲典雅,豈不能爲四六者?蓋因宋承五季之後,時猶崇尚排偶,競趨浮華,故光以不能四六爲辭,所以矯當世之失而欲返之淳朴,其用意良深矣。固非如後世鄙陋無文之

三月,歐陽修罷,以吴奎参知政事。以司馬光爲翰林學士,固辭,不許。〇注:光對曰:『臣不能爲四六。』帝曰:『如兩漢制詔可也。』光乃就職。

閏月。夏四月,以司馬光爲御史中丞。秋八月,葬永厚陵。京师地震。

以王安石知江寧府。

人，高談性命而蔑視辭章，以自文其不學者所得而藉口也。

九月。罷司空侍中韓琦，吳奎、陳升之罷。○注：升之，舊名旭，避帝嫌，名以字行。以呂公弼爲樞密使，張方平、趙抃參知政事，韓絳、邵亢爲樞密副使。復以司馬光爲翰林學士。冬十月，張方平罷。

十二月。

神宗皇帝。○注：名頊，英宗子，在位十八年，壽三十八歲。戊申，熙寧元年，春正月朔，日食。趙槩罷，以唐介參知政事。

召王安石爲翰林學士。

夏主諒祚卒，子秉常立。

御批 王安石賦性堅僻，動輒援引古義，以文其执拗之私心，而又口給便捷，應辯不窮，足以惑亂人主之聽，所謂大奸似忠，大詐似信也。

夏四月，詔王安石越次入對。六月，河決恩、冀、瀛州。秋七月，以陳升之知樞密院事。京師地震。○注：自七月至十一月，京師地震者六，河朔地亦大震。

九月初，封太祖孫從式爲安定郡王。冬十一月，郊。十二月，邵亢罷。

己酉，二年，春二月，以富弼同平章事，王安石參知政事。創『制置三司條例司』，議行新法，命陳升之、王安石領其事。○注：新法：農田水利、均輸、保甲、免役、市易、保馬、方田。

封從式爲安定郡王。○注：從式，太祖曾孫，德芳之孫也。

夏人寇秦州。

夏四月，河決，地震。○旱。參知政事唐介卒。遣使察農田水利、賦役于天下。

五月。

六月。秋七月，朔日食。行均輸法。

唐介卒。○注：介簡伉①敢言，居政府，嘗與王安石爭辯，而安石强解，帝主其說。介不胜其憤，遂疽發背而卒，謚曰忠肅。罷知開封府滕甫。

罷翰林學士鄭獬、宣徽北院使王拱辰、知制誥錢公輔。

罷御史中丞呂誨。

①簡伉：亦作「簡亢」，高傲，清高。

八月，定謀殺傷首原法，貶判刑部劉述等六人。○注：謀殺，天下之大惡，王法所必誅。雖傷而不死，然原其情不可恕也。輕事首原，理或宜然，謀殺首原，悖理甚矣。安石准其首原，劉述執奏不已，因而被貶，惜哉！

罷判國子監范純仁。○注：歷觀四月以來，賢臣之被黜者六人：滕甫以忌王安石而罷出，鄭獬、王拱辰以梗新法而去官，錢公輔、吕誨以直言而得罪，范純仁以沮法而左遷。以程顥權監察御史裏行。貶判刑部劉述等六人。○注：六人，劉琦、錢顗、孫昌齡、丁諷、王師元、劉述也。罷條例司檢詳文字蘇轍。

九月，行青苗法。冬十月，富弼罷，以陳升之同平章事。十一月，命韓絳制置三司條例，頒『農田水利約束』。置諸路提舉官。○注：掌行青苗、免役、農田水利，諸路凡四十一人。

十二月，下龍图閣學士祖無擇秀州獄，貶爲忠正節度副使。以張載爲崇文院説書，尋辭歸。增置宫觀官。○注：帝以監司、郡守有老不任職者，則與閑局。王安石亦欲以處異議者，故增置宫觀官不限員。

以吕惠卿爲崇政殿説書。

庚戌，三年，春正月。二月，河北安撫使韓琦請罷青苗法。王安石稱疾不朝，詔諭起之。以司馬光爲樞密副使，固辭不拜。解韓琦河北安撫使。

三月，始以策試進士。

夏四月，趙抃罷，以韓絳参知政事。

罷判尚書省張方平。	貶知審官院孙覺知广德軍。	貶御史中丞吕公著知潁州。罷知制誥宋敏求、蘇頌、李大臨。

<table>
<tr><td colspan="3">五月，詔罷制置條例歸中書。以呂惠卿兼判司農寺。○注：韩绛、惠卿，王氏黨也。韩绛入中書，故以條例歸之。青苗、免役等法付司農寺，故命惠卿判之，則新法之根益固矣。
分審官东西院。六月，罷知諫院胡宗愈。</td></tr>
<tr><td></td><td></td><td></td></tr>
<tr><td>罷監察御史裏行程颢、张戩、右正言李常，以謝景温爲侍御史知雜事。○注：景温乃安石之姻家也。</td><td></td><td>罷知諫院胡宗愈。以朱壽昌通判河中府。</td></tr>
<tr><td></td><td></td><td></td></tr>
<tr><td></td><td>遼立賢良科。○注：令進是科者先以所業千万言進。</td><td></td></tr>
</table>

御批 宋神宗勵精圖治，王安石遂以新奇可喜之説，雜沓并進，漸致海内棼然，民生重困。蘇軾云『願鎮以安，静待事之来，然後應之』，深得致治大體，不祇爲當時藥石，至其條奏詳明，洋洋灑灑，文尤可觀。

秋七月，罷吕公弼知太原府，以馮京爲樞密副使。

八月。

九月，以劉庠知開封府，曾公亮罷。以馮京參知政事，吴充爲樞密副使。策賢良方正之士黜台州。罷翰林學士司馬光。

出直史館蘇軾通判杭州。〇注：神宗因曲庇一王安石，而數君子俱罹罷貶。嗚呼！退一小人如是其難，去衆君子如是其易，神宗亦可謂寄生之君矣。	以韓絳爲陝西安撫使。	以曾布爲崇政殿説書，判司農寺。
	夏人寇環慶州，以韓絳爲陝西宣撫使。	

冬十月，陳升之罷。翰林學士范鎮致仕。十二月，諸路更戍法，立保甲法。以韓絳、王安石同平章事，王珪參知政事。行募役法。

辛亥，四年，春二月，更定科舉法，專以經義、論策試士。○注：安石定科之法，最爲得之。觀其言士，當少壯時，正當講求天下正理，乃閉門學作詩賦。及其入官，世事皆所未習，此科舉敗壞人材，致不如古。其識見高于人遠矣，但曰士各占治一经，而春秋獨不與焉，此所以爲千古叛經之罪人也。

韓絳使种諤襲夏人，敗之，遂城囉兀。

三月，韓絳免。詔察奉行新法不職者。浚漳河。夏四月，以司馬光判西京留臺。

五月，右諫議大夫呂誨卒。

六月，貶富弼官，徙判汝州。

八月。

夏人陷撫寧諸城。詔安置種諤于潭州。韓絳免。

呂誨卒。罷知開封府韓維。

高麗入貢。

知蔡州歐陽修致仕。

以王雱爲崇政殿説書。〇注：雱，安石子，性敏甚，未冠已著書數十萬言。舉進士，調旌德尉。爲人剽悍陰刻，無所顧忌。

安石以臨川鼫鼠，而壞宋人之国。当時羣贤一網打盡，然猶未爲酷也，又有王雱一狠豎出焉。幸而宋祚未克告终，而雱也早隕厥軀，是亦宋不幸中之一幸也。

命王韶主洮河安撫司事。

冬十月，立太學生三舍法。○

注：生员釐爲三等，始入太学为外舍，外舍升内舍，内舍升上舍。上舍免廢解及禮部試，召試賜第。

壬子，五年，春正月，置京城邏卒，察諦①时政者。二月，以蔡挺爲樞密副使。

①諦：當爲『謗』，議論，抨擊。

三月，判汝州富弼致仕。行市易法。夏五月，行保馬法。王安石求去位，帝不許。

秋閏七月。

八月，觀文殿學士致仕歐陽修卒。頒方田均稅法。九月，少華山崩。○注：其下地裂，陷居民數百户。

冬十月。

以章惇爲湖北察訪使。

歐陽修卒。○注：謚文忠。

置熙河路，以王韶爲經略安撫使。

南平王李日尊死，子乾德嗣。○注：日尊，公蘊之孫也。既死，乾德遣使入，告哀。詔封乾德交阯郡王。

十一月。十二月，以陳升之爲樞密使。

癸丑，六年，春三月，置經義局。夏四月朔，日食。文彥博罷。

六月，置軍器監。知南康軍周敦頤卒。大蝗。

章惇招降梅山峒蠻，置安化縣。

周敦頤卒。

○注：敦頤，道州營道人。博學力行，著《太極图》《易通》，明天地之根源，究万物之始終，得孔孟之本原，大有功于學者。爲南安司理時，通判程珦使二子顥、頤往受業。既知南康軍，

御批 熙宁之时，民苦新法如在湯火。鄭俠以疎遠小臣，繪圖上聞，其爲民請

秋九月，初策武舉之士。帝御殿受賀。○注：以王韶破吐蕃及取城也。收免行錢。

冬十月，開直河。

甲寅，七年，春二月，遼使人来議疆事，遣太常少卿劉忱報之。大旱，詔求直言。夏四月，權罷新法，雨。○注：時民苦新法。監安上門鄭俠乃繪圖奏疏，且云：『旱由安石所致，去安石，十日不雨，即乞斬臣宣德門外，以正欺君之罪。』

即築室于莲花峯下，前有溪，即取所居濂溪以名之。學者称为濂溪先生。		章惇平南江蠻，置沅州。	
	吐蕃木征復人河州，王韶破走之。遂取岷、宕、洮、疊四城。		遼使人入朝，議疆事。○注：遼以河東路沿邊增修戍壘，起舖舍，侵入蔚、應、朔三州界内，使蕭禧来言，乞行毀撤，

命、忠讜激切之心，猶可想見。

帝反覆观圖，長吁數四，翌日，遂命罷新法凡十八事。民間歡呼相賀。是日，果大雨。嗚呼，天人感應之理，安可誣哉？下監安上門鄭俠獄。復行新法。王安石免，以韓絳同平章事，吕惠卿参知政事。○注：王安石亂天下，太皇太后嘗乘間言之，帝始疑之。及鄭俠疏進，安石不自安，遂求去。韓絳、惠卿又，安石乞以代己也。時號绛爲傳法沙门，惠卿爲護法善神，故安石所建，無所更改。五月，罷制科。秋七月，立手①。

别立界至。帝諭以俟遣官與北朝官即二州地界議之。

①立手：施行『手实法』。手实法，吕惠卿所创，致百姓益困。

○注：吕惠卿也，其法使民各以田畝、星□□①貨、畜産随價自占。凡居錢五，當蓄息之錢一。非用器、食粟而輒隱落者許告，有實，以三分之一充賞。預具式示民，令依式爲狀，縣受而籍之，以其價列定高下，分爲五等，既該見一縣之民物産錢數，乃參會通縣役錢本額而定所當輸錢。九月，三司火。

冬十二月，以王韶爲樞密副使。

乙卯，八年，春正月，蔡挺罷。竄鄭俠于英州。罷參知政事馮京，放秘閣校理王安國于田里。二月，復以王安石同平章事。

遼女真部節度使乌古迺死，子劾里鉢嗣。

①此處『星』當爲『屋』。下缺『宅』『資』二字。（依《續資治通鑒》宋紀七十）

三月，遼人復來議疆事，遣知制誥沈括報之。夏四月，以吴充爲樞密使。閏月，陳升之罷。

六月，王安石上三經新義，詔頒于學宫。○注：安石新法害民，新義害上，其罪可勝誅哉？司徒侍中魏公韓琦卒。秋七月，詔韩缜如河东，割地以畀遼。○注：割新疆與之，凡東西地七百里，遂爲異日興兵之患。

魏公韓琦卒。○注：琦相三朝，立二帝，厥功大矣。當治平危疑之際，兩宫幾成嫌隙，琦處之裕如，卒安社稷。歐陽修謂其『臨大事，決大議，垂紳正笏，不動聲色，措天下于泰山之安，可謂社稷之臣』，豈不信哉？贈中書令，謚忠獻，後追封魏王。

遼復使人來議疆事。

八月朔，日食。韓絳免。冬十月，呂惠卿有罪免。彗星見。詔求直言。罷手實法。

十一月。十二月，以元絳參知政事，曾孝寬簽書樞密院事。

交阯大舉入寇，陷欽、廉州。遼耶律洪基殺其妻蕭氏。○注：聽耶律乙辛之譖而誤殺之也。

○注：絳在翰林，諂事王安石，而安石嘗德曾公亮之助己，引其子孝寬于政地以報之。罷直學士院陳襄。

丙辰，九年，春正月。

二月。冬十月，王安石免，以吴充、王珪同平章事，馮京知樞密院事。

十二月。

以郭逵爲安南招討使。

郭逵敗交阯兵于富良江，李乾德降。詔宦者李憲節制秦鳳、熙河諸軍。

交阯陷邕州，知州事蘇緘死之。

吐蕃鬼章寇五牟谷。

丁巳，十年，春二月，王韶免。秋九月，河南邵雍卒。〇注：雍天性高邁，迥出千古，而坦夷温厚，不見圭角。及疾病，司馬光、張載、程顥、程頤，晨夕候之，卒年六十七。顥爲銘墓，稱雍之學純一不雜，汪洋浩大，就其所至而論之，可謂安且成矣。元祐中賜謚康節。

冬十一月，同知太常禮院張載卒。

〇注：舉秦鳳、熙河之大，盡制于一閹宦之手，是合數鎮之兵權而歸之，他時徽宗用貫，卒覆天下，是豈一朝一夕之故哉？

張載卒。〇注：世稱横渠先生。其學以易爲宗，

遼魏王耶律乙辛，殺其君之子濬。

		以中庸爲體，以孔孟爲法，深得乎道統之傳者也。		
午戊，元豊元年，春閏正月。曾孝寬罷，以孫固同知樞密院事。夏六月朔，日食。				
秋九月，以吕公著、薛向同知樞密院事。				交趾入贡。
己未，二年，春二月，召程顥判武學，既而罷之。夏五月，元絳罷，蔡確參知政事。				
冬十月，太皇太后曹氏崩。		下知湖州蘇軾獄，貶爲黄州團練副使。		大理段氏臣高昇泰，興兵討楊義真，滅之而立段壽輝。

庚申，三年，春正月，以章惇參知政事。三月，吴充罷。葬慈聖光獻皇后。秋七月，彗出太微垣。詔羣臣直言闕失。九月，以馮京爲樞密使，薛向、孫固、吕公著爲副使。向尋免。

○注：軾以詩諷政，未爲大咎，而李定、舒亶等輒欲置之死地。太皇太后曹氏違豫中聞之，謂帝曰：『嘗憶仁宗以制科得軾兄弟，喜曰：吾爲子孫得兩宰相。今聞以詩繫獄，得非仇人中傷之乎？捃至于詩，其道微矣。宜熟察之。』帝曰：『謹受教。』

遼出耶律乙辛于興中府。

冬十一月朔，日食。

辛酉，四年，春正月，馮京罷。以孫固知樞院事，呂公著、韓縝同知院事。三月，章惇有罪，免。以張璪參知政事。夏四月，築河堤，自大名至于瀛洲。

五月，立晉程嬰、公孫杵臼廟于絳州。○注：報其存趙孤也。追封嬰成信侯，杵臼忠智侯。神宗紛紛制作，無一中禮，獨此舉差協與情耳。

秋七月，詔定選格。

詔宦官李憲會陝西、

夏人幽其主秉常。七月，詔宦官李憲會陝西、河東之師討之。

大理段壽輝死，子正明立。○注：立十七年，避高氏爲僧。

冬十一月朔，日食。

壬戌，五年，春正月。

夏四月朔，日食。以王珪爲尚書左僕射兼門下侍郎，蔡確爲尚書右僕射兼中書侍郎，章惇爲門下侍郎，張璪爲中書侍郎，蒲宗孟爲尚書左丞，王安禮爲尚書右丞，吕公著罷。

河東五路之師討夏。○注：命憲出熙河，種諤出鄜延，高遵裕出環慶，劉昌祚出涇原，王中正出河東。

貶高遵裕等官，以李憲爲涇原經略安撫制置使。

以曾鞏爲中書舍人。○注：鞏能文章，爲歐陽修所重。帝深知之。

癸亥，六年，春二月。

夏四月。

閏六月，司徒韓公富弼卒。秋七月，孫固罷，以韓縝知樞密院事，安燾同知院事。九月朔，日食。

冬十月。

韓公富弼卒。○注：弼歷仕三朝，委身幹國，忠義之性老而彌篤。訃聞，贈太尉，謚文忠。

夏人寇蘭州。貶李憲爲熙河都總管。

夏人復入貢。

遼大雪。○注：平地丈餘，馬死十六七。

遼耶律乙辛伏誅。

十一月，太師文彦博致任。○注：彦博自河南入朝。帝嘉其輔立英宗而不伐其功，加兩鎮節度使。將行，賜宴瓊苑，遣中使遺詩祖道，當世榮之。至是，以太師致仕。十二月，户部獻今歲民數。○注：時天下凡二十三路。東南際海，西盡巴僰，北極三關。東西六千四百八十五里，南北萬一千六百二十里。天下主客曰一千七百二十一萬一千七百一十三。○按大中祥符七年户部奏，户九百五萬五千七百二十九，口二千一百九十七萬六千九百六十五。至是，所奏之數，户僅一千七百二十一萬一千七百一十三，而口不與焉。然自甲寅至癸亥，一百五年而所增者，一萬九千四十一户，較諸天寶，不能三分之二。

文彦博致仕。○注：彦博之在河南，日與富弼等用白居易故事，就弼第，置酒相樂，尚齒不尚官，謂之『洛陽耆英會』，司馬年未六十，以狄兼謩與焉。

甲子，七年，春正月。夏五月，詔以孟軻配食孔子。秋七月，王安禮罷。冬十二月，端明殿學士司馬光上資治通鑑。〇注：與上會計録，祥瑞者自異矣。

夏人大舉寇蘭州。

乙丑，八年，春正月，帝有疾。三月，詔立延安郡王傭爲皇太子，賜名煦。皇太后權同聽政。帝崩，太子即位，赦。

按：神宗即位，以不克復幽燕爲病，勵精圖治，惟勤惟儉，將大有爲。未幾，王安石入相，任其偏見曲學，新法競起，海内騷動。帝不終悟，方且廢逐元老，擯斥諫士，致祖宗之良法美意，變壞殆盡。自是邪佞日進，人心日離，禍亂日起，惜哉！

尊皇太后曰太皇太后，皇后曰皇太后，德妃朱氏曰皇太妃。罷京城邏卒及免行錢，廢濬河司，蠲逋賦。司馬光自洛入臨。夏五月，詔求直言。○注：光居洛十五年，天下以爲真宰相。神宗崩，欲入臨，避嫌不敢，因程顥勸，乃行，所至民遮道聚觀，馬至不得行。光懼，亟還。

召程顥爲宗正寺丞。未至，卒。

程顥卒。○注：顥十五六時，與弟頤聞汝南周敦頤論道，慨然有求道之志。資性過人，

御批宋哲宗之初，廷臣咸欲革除新法，猶以改父之政爲嫌。司馬光毅然爲以母改子，使立釋，可謂要言不煩善處大事者矣。若以紹聖更法遂，尤

王珪卒。以蔡確、韓縝爲尚書左右僕射兼門下中書侍郎，章惇知樞密院事，以司馬光爲門下侍郎。〇注：時天下之民，引領拭目以觀新政，而議者猶謂三年無改於父之道。光曰：『若王安石、吕惠卿所建，爲天下害者，改之，當如救焚拯溺。況太皇太后以母改子，非子改父也。』于是，衆議少止。六月，賜楚州孝子徐積粟帛。秋七月，以吕公著爲尚書左丞。罷保甲法。

充養有道，純粹之氣盎于面背。門人交友從之，歲久，未嘗見其有忽厲之容。

王珪卒。〇注：珪以文學見推流輩。然自執政至宰相，凡十六年，無所建白，率道諛將順時，號爲三旨相公，以其上殿進呈云『取聖旨』，上可否訖云『欽聖旨』，退諭稟事者云『已得聖旨』也。

其建議之際已留暇隙，令惠卿輩得持其短長，是皆事後之見爾。

冬十一月，葬永裕陵。罷方田法。十二月，罷市易法。罷保馬法。	哲宗皇帝。○注：名煦，神宗子。在位十五年，壽二十五岁。丙寅，元祐元年，春閏二月，蔡確有罪免。以司馬光爲尚書左僕射兼門下侍郎。以吕公著爲門下侍郎，李清臣、吕大防爲尚書左右丞。
	以李常爲户部尚書。

章惇有罪免，以范純仁同知樞密院事。罷清苗法。三月，罷免役法。○注：俱從司馬光之議也。夏四月，召程頤爲崇政殿説書。○注：頤，顥之弟也。年十八上書仁宗，黜世俗之論，以王道爲心。年踰五十，不求仕進，大臣屢薦，不起。至是，司馬光、吕公著共疏其行義曰：『河南處士程頤，力學好古，安貧守節，真儒者之高蹈，聖世之逸民也。望擢以不次，使士類有所矜式。』召爲崇政殿説書。韓縝免。王安石卒。

御批

歷代讲筵之設，率臨御殿廷，諸臣拱侍，不過進讲數行，徒了故事而已，夫有何益？必清宫便殿，潛心誦讀，朝夕研究，始能貫通，□然有心。

王安石卒。

以吕公著爲尚書右僕射兼中書侍郎。詔起文彦博平章軍國重事。詔舉經明行修之士。五月，以韓維爲門下侍郎。命程頤等修定學制。

六月，置《春秋》博士。

秋七月，立十科舉士法。〇注：司馬光奏之也。行義純固可為帥表，节操方正可備獻納，知勇過人可備將帥，公正聰明可備監司，經术精通可備講读，學問該博可備顧問，文章典丽可備著述，善聽獄訟盡公得实，善治財賦公私俱便，練習法令能斷請讞。

黜内侍李憲等于外。

吕惠卿有罪，建州安置。

夏主秉常卒，子乾順立。

九月，尚書左僕射兼門下侍郎、河内公司馬光卒。冬十月，改封孔子後爲奉聖公。十一月，以吕大防爲中書侍郎，劉摯爲尚書右丞。

丁卯，二年，春正月，禁科舉用王氏經義字説。夏四月，詔文彦博十日一議事都堂。

河内公司馬光卒。○注：年六十八。贈太師、温國公，謚文正。京師人爲之罷市往吊。及如陝，葬送者如哭私親。嶺南封州父老亦相率具祭。都中四方，皆畫像以祀。以蘇軾爲翰林學士。

以處士陳師道爲徐州教授。○注：師道高介有節，安貧樂道，博學善文。家貧，或經日不炊，晏如也。蘇軾薦之，以授是職。五月，以劉摯、王存爲尚書左右丞。六月，以安燾知樞密院事。秋七月朔，日食。罷門下侍郎韓維。

八月，罷崇政殿説書程頤。○注：元祐之間，哲后在上，賢人在下，正太平有爲之時也，而韓維以譖愬罷，程頤以嫌隙黜，何也？蓋頤在經筵，禮法自持，進講色壯，繼以諷諫。蘇軾以不近人情而嫉，胡宗愈以不宜在經筵而譖。此皆君子之類自相攻詰，求其不罹小人之禍亦難矣。自是，遂有洛黨、蜀黨、朔黨之語。洛黨以頤爲首，而朱光庭、賈易爲輔。

罷右司諫賈易。

吐蕃阿里骨誘鬼章，使據洮以叛，岷州將种誼執之，檻送京師。○注：董氈既死，養子阿里骨嗣，爲邈川首領，逼鬼章據洮叛。

蜀黨以蘇軾爲首，而吕陶等爲輔。朔黨以劉摯、梁燾、王嚴叟、劉安世爲首，而輔之者尤衆。

戊辰，三年，夏四月，以吕公著爲司空同平章軍國事，以吕大防、范純仁爲尚書左右僕射兼門下中書侍郎，孫固、劉摯爲門下中書侍郎，王存、胡宗愈爲尚書左右丞，趙瞻簽書樞密院事。

冬閏十二月，蜀公范鎮卒。

范鎮卒。○

注：謚忠文。清白坦夷，恭儉慎默。熙寧元丰間，天下望以爲相者，

种誼執鬼章，檻送京師。尋赦之，聽其子結呃齪以自贖。

己巳，四年，春二月，東平公呂公著卒。三月，胡宗愈免。○注：孫覺、劉安世等論之也。

鎮与司馬光二人，至稱之曰景仁、君实，不敢有所軒輊。

呂公著卒。

○注：公著自少講學，即以治心養性爲本，平居無疾言遽色，于聲利紛華，泊然無所好。遇事善決，苟有便于國，不以利害動其心。王安石博辯騁辭，人莫敢與凡①，公著獨以精識約言服之。卒年七十二，贈太師，封申國公，謚正獻。

①『凡』當爲『亢』，通『抗』，匹敵，抗衡。

夏四月，分經義、詩賦爲兩科試士，罷明法科。

五月。六月，范純仁、王存罷。以趙瞻同知樞密院事，韓忠彦、許將爲尚書左右丞。○注：忠彦，琦之子也。

以范祖禹爲右諫議大夫兼侍講。○注：初從司馬光修《資治通鑑》，在洛十五年，不事進取。帝即位，擢右正言。以婦翁吕公著當國，引嫌辭職，故著作郎兼侍講。公著薨，始除右諫議大夫，尋加禮部侍郎。安置蔡確于新州。

秋七月，安燾罷。冬十一月，以孫固知樞密院事，劉摯、傅堯俞爲門下中書侍郎。

庚午，五年，春二月，文彦博致仕。○注：潞公于元豐六年十一月，以太師致仕，後于哲宗元祐元年，復詔以平章軍國事，班宰相上，而潞公無歲不求去者，亦伊尹罔以寵利居成功之心也。

三月，趙瞻卒。以韓忠彦同知樞密院事，蘇頌爲尚書左丞。

趙瞻卒。

夏人來歸永樂之俘，詔以米脂等四砦畀之。

夏四月，孫固卒。

秋八月。

辛未，六年，春二月，以劉摯爲尚書右僕射兼中書侍郎，蘇轍爲尚書右丞，王巖叟簽書樞密院事。夏五月朔，日食。

六月，浙西水。〇注：杭州死者五十萬，蘇州死者三十萬。詔賜米百萬石、錢二十萬緡賑之。

冬十一月，罷劉摯知鄆州。

孫固卒。

召鄧潤甫爲翰林學士承旨，罷御史中丞梁燾、諫議大夫劉安世、朱光庭。

翰林學士承旨蘇軾罷。

中書侍郎傅堯俞卒。

	壬申，七年，春三月，以程頤直秘閣、判西京國子監，既而罷之。○注：蘇轍沮之也。頤在經筵，蘇軾以不近人情譖。頤直秘閣，蘇轍以恐不肯静沮。夏四月，始備六禮，立皇后孟氏。○注：后，洺州人，馬軍都虞侯元之孫。
○注：堯俞重厚寡言，論事略無隱回。司馬光嘗謂邵雍曰：『清、直、勇三德，人所難兼，吾于欽之畏焉。』雍曰：『欽之清而不耀，直而不激，勇而能温，是爲難耳。』欽之，堯俞字也。	

五月，王巖叟罷。○注：言者論巖叟捄①劉摯爲朋黨，出知鄭州。六月，蘇頌爲尚書右僕射兼中書侍郎，蘇轍爲門下侍郎，范百禄爲中書侍郎，梁燾、鄭雍爲尚書左右丞，韓忠彦知樞密院事，劉奉世簽書院事。秋九月，召蘇軾爲兵部尚書兼侍讀。

遼女真部節度使劾里鉢死。○注：劾里鉢疾篤，謂弟盈哥曰：『烏雅束柔善，若辦集契丹事，阿骨打能之。』遂卒。母弟頗刺淑襲爲節度使。劾里鉢有子十一人，烏雅束其長，阿骨打其次也。

①捄，同『救』。

癸酉，八年，春三月，蘇頌、范百禄罷。夏六月，梁燾罷。秋七月，以范純仁爲尚書右僕射兼中書侍郎。八月，京東西、河南北、淮南水。九月，太皇太后高氏崩。○注：太后聽政，召用故老名臣，罷廢新法苛政，舉邊砦之地以賜西夏，于是宇内復安，遼主戒其臣下勿生事于疆埸。臨朝九年，朝廷清明，華夏綏定，力行故事，抑絶外家私恩。人以爲女中堯舜。冬十月，帝始親政。召内侍劉瑗等復入内給事。○注：親政之初，未遑他務，而亟召閹人入内給事，豈瑗等爲賢而賴以經綸天下耶？

十二月，范純仁乞罷政，不許。復章惇、吕惠卿官，貶樞密都承旨劉安世，知成德軍。

甲戌，紹聖元年，春二月，以李清臣爲中書侍郎，鄧潤甫爲尚書右丞。葬宣仁聖烈皇后。

三月，朔日食。〇注：不盡如鈎。吕大防罷。策進士。罷門下侍郎蘇轍。〇注：出知汝州。

夏四月，貶蘇軾知英州，尋安置惠州。詔改元。〇注：惑曾、布之説，以紹述爲美談，改元祐九年爲紹圣元年。

以曾布爲翰林學士承旨。

以張商英爲右正言。

以章惇爲尚書左僕射兼門下侍郎。范純仁罷。復免役法。

閏月，罷十科舉士法。以安燾爲門下侍郎。貶吏部尚書彭汝礪知江州。

罷翰林學士范祖禹。召蔡京爲户部尚書，以林希爲中書舍人。○注：惇欲使希典制誥，逞毒于元祐諸臣，凡元祐貶黜之制，皆希爲之。以蔡卞爲國史修撰。○注：卞，王安石壻[①]也。于是卞求安石舊作《日録》，改《神宗實録》。

復以陸師閔等爲諸路提举常平官。

①壻：同『婿』。

五月，詔進士專習經義。罷制舉，置宏詞科。劉奉世罷。六月，除《字説》之禁。以曾布同知樞密院事。秋七月，奪司馬光、吕公著等贈謚，貶吕大防、劉摯、蘇轍、梁燾等官，詔諭天下。○注：嗚呼，小人之禍至是极矣，君子之道至是蹇矣。八月，復免行錢。冬十二月，重修《神宗實録》成。安置范祖禹等于諸州。○注：范祖禹及趙彦若、黄庭堅安置永、澧、黔州，吕大防徙安州居住。

鄧潤甫卒。

乙亥，二年，春二月，復保甲法。冬十月，鄭雍罷，以許將、蔡卞爲尚書左右丞。贈蔡確太師，謚忠懷。十一月，安燾罷。貶范純仁知隨州。

丙子，三年，春正月，韓忠彦罷。二月。

女真伐紇石烈部，阿踈奔遼。○注：女真節度使頗刺淑死，弟盜哥[1]嗣，以兄劾者子撒改爲相國。時紇石烈部阿踈有異志，盈哥自往伐之。阿踈聞之，往訴于遼。

①盜哥：当为下文中的『盈哥』。

秋七月。九月，廢皇后孟氏。

冬十月，雷，大雨雹。

丁丑，四年，春正月，李清臣免。二月，追貶司馬光、呂公著等官。復罷春秋科。流呂大防、劉摯、蘇轍、梁燾、范純仁等于嶺南，貶韓維等三十人。呂大防道卒。○注：三十人：韓維、劉奉世、王覿、韓用、孫升、呂陶、范純禮、趙君錫、馬默、顧臨、范純粹、孔文仲、王欽臣、呂希哲、呂希純、呂希績、姚緬、吴安詩、秦觀、王攽、張耒、晁補之、賈易、朱光庭、孫覺、趙卨、李之純、杜純、李周。

竄范祖禹于賀州，劉安世于英州。

呂大防卒。

夏人寇鄜延，陷金明砦。

降太師致仕文彦博爲太子少保。○注：言者論其朋附①司馬光、詆毀先烈故也。

閏月，以曾布知枢密院事，林希同知院事，許將爲中書侍郎，蔡卞、黄履爲尚書左右丞。

三月。

夏五月，潞公文彦博卒。

	知渭州章楶城平夏。	潞公文彦博卒。○注：彦博逮事四朝，位將相五十年，名聞四夷，

①朋附：勾結，阿附。

六月朔，日食。秋八月，彗星見西方。

冬十月，以邢恕爲御史中丞。追貶王珪爲萬安軍司户參軍。

十一月，梁燾卒于化州。編管①程頤于涪州。復立市易法。

十二月，劉摯卒于新州。

戊寅，元符元年，春正月，得秦璽于咸陽。○注：咸陽縣民段義，于劉銀村修舍，得古玉印，其文曰『受命于天，既壽永昌』，上之。詔蔡京等辨驗，京以爲秦璽。○按：秦之前以金銀爲方寸印，及秦得和氏璧，乃以玉爲之，在六玺之外，號曰传國玺。流传至後唐，

功成退居，朝野倚重。卒年九十二。追復太師，謚忠烈

以邢恕爲御史中丞。

梁燾卒。

劉摯卒。

①編管：將受謫、流放的官員或罪犯加以組織、安置，令地方官吏加以管束。

石晉滅唐，唐王从珂携传國璽登元武樓自焚，死，璽至此已亡矣。由是，後之得國者各自爲之，故晉作受命寶，其文曰、『受天明命，惟德永昌』。周又更作二寶。綱目大書『得秦璽于咸陽』，何也？所以著蔡京愚惑哲宗之罪也。

三月，章惇、蔡卞請追廢宣仁聖烈皇后，不果行。夏四月，林希免。

秋七月，再竄范祖禹、劉安世于化、梅州。祖禹尋卒。京師地震。

下文彦博子及甫于同文館獄。遂錮劉摯、梁燾子孫于嶺南。以蔡京爲翰林學士承旨，安惇爲御史中丞。

范祖禹卒。

冬十月。	己卯，二年，春三月。夏六月，河決内黄。 秋七月。	
夏人寇平夏城，章楶大敗之，獲其將嵬名阿埋。	遼人爲夏請和。○注：夏求援于遼。	
		洮西安撫使王贍取吐蕃邈川、青唐，降其酋瞎征。○注：初，阿里骨死，子瞎征嗣。至是，王贍取青唐，引兵趨邈川。瞎征知其下多叛，脱身自青唐，來降于贍。

八月，子茂生。九月，立賢妃劉氏爲皇后。竄右正言鄒浩于新州。

閏月，子茂卒。

邢恕免。

吐蕃隴拶復據青唐，王贍擊降之。詔以青唐爲鄯州，邈川爲湟州。○注：瞎征既降于王贍，而贍與總管王愍爭功，入訟于朝。青唐大酋心牟領氈，迎董氈疎族溪巴温入城，立木征之子隴拶爲主，其勢復張。贍急攻隴拶及心牟領氈，氈等皆出降。

冬十一月。

許夏人通好。

庚辰，三年，春正月，帝崩。端王佶即位，太后權同聽政。赦。

史臣曰：哲宗以沖幼踐祚，宣仁同政。召用諸賢，罷廢新法，故元祐之政，庶幾仁宗，奈何熙、豐，舊姦拔去未盡，已而媒蘖復用，卒假紹述之言，務反前政，報復善良，馴致黨禍，君子盡斥，而國家益敝矣。

尊皇后劉氏爲元符皇后。二月，立皇后王氏。○注：后，開封人，德州刺史瑑之女。以韓忠彥爲門下侍郎，黃履爲尚書右丞。

三月，詔求直言。詔許劉摯、梁燾歸葬，録其子孫。

召龔夬爲殿中侍御史，陳瓘、鄒浩爲左右正言。

棄鄯、湟州以畀吐蕃。竄王贍于嶺南，未至自殺。

○注：韓忠彦薦之也。

○注：王贍留鄯州，縱所部剽掠，羌衆攜貳心牟等結諸族帳謀反，夏衆十萬助之。贍棄青唐還。朝論請棄其地，且謂隴拶乃木征之子。遂命知鄯州，賜姓名曰趙懷德，其弟曰懷義，同知湟州。

夏四月朔，日食，以韓忠彦爲尚書右僕射兼中書侍郎，李清臣爲門下侍郎，蔣之奇同知樞密院事。復范純仁等官，徙蘇軾等于内郡。○注：范純仁自永州徙登州，在道拜觀文殿大學士。既又遣使趣入覲。純仁乞歸養疾，帝不得已許之，且曰：『范純仁，得識一面足矣。』軾自昌化移廉徙永，更三赦，復提舉玉局觀。未幾，卒于常州。五月，詔復哲宗廢后孟氏爲元祐皇后。蔡卞有罪免。追復文彦博、王珪、司馬光、吕公著、吕大防、劉摯等三十三人官。○注：從韓忠彦之言也。

六月。秋七月，太后罷聽政。

八月，葬永泰陵。九月，章惇有罪，免。

	邢恕有罪，安置均州。

冬十月，復以程頤判西京國子監。蔡京有罪免，削林希官，徙知揚州。〇注：徽宗初政清明，正人漸用，小人漸去，如蔡卞、邢恕、章惇、安惇、蹇序辰、蔡京、林希等，或免官，或安置，或除名，或放逐，或削爵。必曰有罪，則其嫉惡之旨，嚴矣！以韓忠彦、曾布爲尚書左右僕射兼門下中書侍郎。

十一月，詔改元。〇注：時議以元祐、紹聖均有所失，欲以大公至正，消釋朋黨，遂詔改明年元爲建中靖國。由是邪正雜進矣。以安燾知樞密院事，黄履免。置《春秋》博士。以范純禮爲尚書右丞。

安惇、蹇序辰有罪除名，放章惇于潭州。

女真攻阿踈城，取之。

徽宗皇帝。〇注：名佶，神宗第十一子，哲宗弟。在位二十五年，壽五十四歲。辛巳，建中靖國元年，春正月朔，有赤氣亘天。〇注：右正言任伯雨曰：『正歲之始，赤氣起于暮夜之幽，此宫禁陰謀、下干上、夷狄竊發之證者也』。高平公范純仁卒。追皇太后向氏崩。〇注：謚欽聖憲肅。追尊太妃陳氏爲欽慈皇后，陪葬永裕陵。〇注：陳氏，帝生母也。

高平公范純仁卒。〇注：純仁性夷易寬簡，不以聲色加人。誼①之所在，挺然不少屈。嘗曰：『吾平生所學，得之忠恕二字，一生用不盡。』

遼耶律洪基死，孫延禧立。〇注：遼主卒于混同江行宫，年七十。孫延僖即位，是爲天祚皇帝。改元乾統，在位二十五年，壽五十四歲。

① 誼：今写作『義』。

二月。

三月。夏四月朔，日食。葬欽聖憲肅皇后。

六月，罷尚書右丞范純禮。○注：純禮沉毅剛正，曾布憚之，謂駙馬都尉王詵曰：『上欲除君承旨，范右丞不可。』詵怒。會詵館遼使，純禮主宴，詵誣其輒斥御名。遂罷知潁昌州。

貶章惇爲雷州司户參軍。○注：任伯雨論惇久竊朝柄，迷國罔上，章八上，不報。會臺諫陳瓘、陳次升復極論之，乃貶雷州。

罷權給事中任伯雨爲度支員外郎。

罷左司諫江公望。

秋七月，安燾罷。以蔣之奇知樞密院事，章楶同知院事，陸佃爲尚書右丞。

冬十月，李清臣免。

十一月，以陸佃、温益爲尚書左右丞。再詔改元。○注：曾布主于紹述，請改明年元爲崇寧，帝從之。

壬午，崇寧元年，春正月，河東地震。○注：太原等十一郡地震，彌旬晝夜不止，壞城壁、屋宇，宇，人畜死者甚衆。

罷權給事中陳瓘知泰州。

復召蔡京爲翰林學士承旨。○注：童貫、曾布等引之也。罷禮部尚書豐稷。復蔡卞、邢恕、吕嘉問、安惇、蹇序辰等官。

後理段正淳立。○注：凡八傳九十二年。傳至興智，爲元滅之。

二月，太妃朱氏卒，謚曰欽成皇后，祔葬永裕陵。○注：哲宗生母也。

三月。夏五月，罷韓忠彦知大名府。復追貶司馬光等四十四人官。詔籍元祐、元符黨人。陸佃罷。以許將、温益爲門下中書侍郎，蔡京、趙挺之爲尚書左右丞。閏六月，曾布免。○注：出知润州。

命宦者童貫製御器于蘇杭州。

秋七月，以蔡京爲尚書右僕射兼中書侍郎。禁元祐法。置講議司于都省。○注：講議，熙寧已行法度，及神宗欲行而未暇者。以其黨吴居厚、王漢之等爲僚屬。自是，法制無常矣。○嗚呼！汴宋之禍，始于神宗安石，終于徽宗蔡京。章楶罷。復罷《春秋》博士。八月，詔天下興學貢士，作辟雍于都城南。○注：美事也。但作于貶斥正人之後，乃所以譏之爾。以趙挺之、張商英爲尚書左右丞。復紹聖役法。

九月，立黨人碑于端禮門，籍元符末上書人，分邪正等，黜陟之。○注：考元符三年夏四月丁酉朔日食之變，于時上書者，有崔鶠極論章惇之惡，既而又有陳師錫、陳瓘、豐稷等，相繼論蔡京之奸。故至是追憾诸公也。

冬十月，蔣之奇罷。復廢元祐皇后孟氏。貶韓忠彦等官，竄豐稷、陳瓘等于遠州。以蔡卞知樞密院事。

遼將蕭海里叛，女真部節度使盈哥擊斩之。○注：海里叛遼，逃入女真。遼主命女真部節度盈哥討之。盈哥使兄子阿骨打與海里戰。海里中流矢墜馬，阿骨打執而殺之，函其首獻于遼，遼主大喜。

十二月，追謚哲宗子茂爲獻愍太子。竄鄒浩于昭州。

盈哥自是知遼兵易與，益自肆矣。未幾，盈哥死，兄子烏雅束嗣。

癸未，未二年，春正月，安置任伯雨等十二人于遠州。以蔡京爲尚書左僕射兼門下侍郎。二月，尊元符皇后劉氏爲皇太后。○注：宮名崇恩。三月，詔黨人子弟毋得至闕下。

温益卒。

夏四月，詔毀司馬光等景靈宮繪像。以趙挺之爲中書侍郎，

詔童貫監洮西軍。六月，

張商英、吴居厚爲尚書左右丞，安惇同知樞密院事。除故直秘閣程頤名。秋八月，張商英罷。

九月，令州縣立黨人碑。

冬十月，置都大軍器所。十一月。

貫及安撫王厚復湟州。貶韓忠彦等官，有差。

高麗與女真通好。

遼封耶律淳爲越王。○注：淳，興宗宗真之孫也，篤好文章。昭懷太子之得罪也，道宗嘗欲立爲太子，群臣不可。遼主延禧即位，寵待加厚，至是封爲越王，留守京東。

甲申，三年，春三月，大内災。	夏五月，封蔡京爲嘉國公。置京西北路交子所。六月，圖熙寧、元豐功臣于顯謨閣。以王安石配享孔子。○注：徽宗徙遺萬年之臭也。重定黨人，刻石朝堂。○注：通三百九人。秋七月，復行方田法。九月，以趙挺之、吴居厚爲門下中書侍郎，
	王厚復鄯、廓州，以厚爲武勝節度留後。
高麗侵女真，女真敗之。	

張康國、鄧洵武爲尚書左右丞。罷科舉法。

冬十二月，復封孔子後爲衍聖公。

乙酉，四年，春正月，蔡卞罷。二月，以張康國知樞密院事，劉逵同知院事，何執中爲尚書左丞。

三月。

安惇卒。

以童貫爲熙河蘭湟、秦鳳路經略安撫制置使。

夏人寇經原，遂誘吐蕃圍宣威城，執知鄯州高永年，殺之。

夏四月。五月，除黨人父兄子弟之禁。六月，趙挺之罷。秋七月，還上書流人。九月，詔徙元祐黨人于近地。

冬十一月。

丙戌，五年，春正月，彗出西方，長竟天。以吴居厚爲門下侍郎，劉逵爲中書侍郎。詔求直言。毀黨人碑。復謫者仕籍。

以朱勔領蘇杭應奉局及花石綱。○注：徽宗任市井乞兒爲此縱欲逆天之事，其與隋煬帝、陳後主一律也。

夏人入寇，鄜延將刘延庆等敗之。

二月，蔡京有罪免。以趙挺之爲尚書右僕射兼中書侍郎。

三月，罷求直言。秋七月朔，日當食不虧。冬十二月朔，日當食不虧。羣臣稱賀。○注：歷官擇術不精，失于詳究耳。

丁亥，大觀元年，春正月，以蔡京爲尚書左僕射兼門下侍郎。吴居厚罷。以何執中爲中書侍郎，鄧洵武、梁子美爲尚書左右丞。

許夏人平。

三月，趙挺之罷，以何執中、鄧洵武爲門下中書侍郎，梁子美、朱諤爲尚書左右丞。以鄭居中同知樞密院事。尋罷。立八行取士科。○注：八行：孝友睦婣、任恤忠和也。

夏五月，鄧洵武免。詔諸路監司，勿任元祐學術者。

秋九月，故直秘閣程頤卒。

以蔡攸爲龙图閣學士兼侍讀。	以蔡薿爲給事中。	程頤卒。○注：頤于書無所不讀。其学本于诚，以大學、論語、孟子、中庸爲標指，而達于六經，卒得孔孟不傳之學，爲諸儒倡，

冬十一月朔，日食。十二月，加蔡京太尉。黃河清。

世稱爲伊川先生，卒年七十五。

涪州夷内附，以其地爲珍、承州。

戊子，二年，春正月朔，受八寶于大慶殿。赦。二月，夏五月朔，日食。秋八月，皇后王氏崩。○注：謚曰靖和。

冬十二月，葬靖和皇后。詔以孔伋從祀孔子庙。

以葉夢得爲翰林學士。

安化諸州蠻内附，渝州蠻内附，以其地爲溱州。

己丑，三年，春二月。

南平夷内附，以其地爲遵義軍及播州。

夏五月。六月，蔡京有罪免，以何執中爲尚書左僕射，兼門下侍郎。

冬十一月，詔蔡京以太師致仕，留京師。

庚寅，四年，夏五月，慧出奎、婁。詔直言闕失。貶蔡京爲太子少保，出居杭州。六月，以張商英爲尚書右僕射兼中書侍郎。

流孟翊于遠方。○注：翊獻所畫卦象，謂宋將中微，有再受命之象，宜更年號，改官名，變庶事以厭之。帝不樂，詔竄之遠方。

瀘州夷内附，以其地爲純、滋州。

秋九月朔，日食。冬十月，立貴妃鄭氏爲皇后。〇注：后，開封人，本欽聖殿押班。帝即位，欽聖太后遂以賜帝。

辛卯，政和元年，秋八月，張商英罷。九月。

遣端明殿學士鄭允中及童貫使遼。

冬十月。

竄管陳瓘于台州。童貫以遼李良嗣來，命爲秘書丞，賜姓趙。

遼李良嗣入朝，命爲秘書丞，賜姓趙。

壬辰，二年，春二月，復蔡京太師，賜第京師。

夏四月，復行方田。○禁史學。五月，詔蔡京三日一至都堂議事。冬十一月，以何執中爲少傅。十二月，加童貫太尉。

癸巳，三年，春正月，追封王安石爲舒王，安石子雱爲臨川伯，從祀孔子廟。以何執中爲太宰。二月，太后劉氏自殺。○注：劉婕妤也。謚昭懷。三月朔，日食。夏四月，作玉清和陽宮。五月，葬昭懷皇后。頒新燕樂。

秋八月，以何執中爲少師。九月，賜方士王老志號洞微先生，王仔昔號通妙先生。冬十一月，祀天子圜丘，以天神降詔百官。十二月，詔求道教僊[1]經于天下。

甲午，四年，春正月，置道階。夏五月，祭地祇于方澤。秋八月，新作延福宫成。冬十月。

女真阿骨打自稱都勃極烈。○注：都勃極烈，官長也，已見叛遼之意也。

女真阿骨打叛遼，取寧江州。

①僊，同『仙』。

	十一月。十二月。	乙未，五年。春正月。
同姓王		
異姓臣	以童貫爲陝西經略使。	
金		女真完顏阿骨打稱帝，國號金。○注：阿骨打既屢勝遼，其弟吳乞買勸稱帝，阿骨打不許。阿離合懣蒲、家奴粘没喝等復以爲言。阿骨打遂即皇帝位，且曰：『遼以賓鐵爲號，
夏		童貫遣熙河將劉法，敗夏人于古骨龍。
遼 ○注：附諸蠻夷	遼遣都統蕭嗣先伐女真，阿骨打迎戰于混同江，遼軍大敗。遼賓、解、咸三州及鐵驪部叛降女真。	遼遣使如金議和，金不從。

取其堅也，然終變壞。唯金不變不壞。』況所居按出虎水之上，于是國號大金，改元收國。○女真國語，謂金爲按出虎。○金本女真部落。女真古肅慎氏，地在混同江東，長白水、鴨緑之源。在南者附契丹，號熟女真。在北者有白山黑水，不附契丹，號生女真。生女真自烏骨迺擒遼叛將獻遼，遼授爲生女真部節度使。遆[①]傳至太祖，苦遼暴虐，剺面慟哭，與宋徽宗連師滅遼。于是國勢日强。

①遆：同『递』。

二月，立定王桓爲皇太子，赦。○注：桓，帝長子，顯恭皇后所生。秋七月朔，日食。

八月，作明堂。有星流出于柳。○注：其光照地，色赤黄，有尾。

九月。

冬十二月。

丙申，六年，春正月，賜方士林靈素號通真達靈先生。

以童貫領六路邊事。				以童貫爲陝西兩河宣撫使。
	遼伐金。九月，金取遼黄龍府。		金襲遼，大敗之。	
		王厚等攻夏臧底河城，敗績。夏人遂大掠蕭關。		童貫使劉法攻夏仁多泉城，屠之。渭州將种師道克夏臧底河城。
遼伐金。		遼軍渡混同江，副都統耶律章奴作亂，伏誅。		遼將高永昌據遼陽以叛。

閏月，立道學。○注：從林靈素之言，詔太學、辟雍各置内經、道德經，莊列博士二員。二月，作上清寶録宮，成。

夏四月，何執中罷。詔蔡京三日一朝，總治三省事。五月，以鄭居中爲少保太宰，劉正夫爲少宰，鄧洵武知樞密院事。

六月。秋九月，帝詣玉清和陽宮，上玉帝徽號。赦。

冬十月，以白時中爲尚書右丞。

金人攻高永昌，殺之，遂取遼東京州縣。

夏人寇涇原，屠靖夏城。

金人攻高永昌，殺之。

遼以耶律淳爲都元帥。

十二月，劉正夫罷。

丁酉，七年，春二月，帝幸上清寶籙宮，命林靈素講道經。夏四月，道籙院上章，册帝爲教主道君皇帝。六月，明堂成。秋七月，熙河、環慶、涇原地震。○注：旬日不止。

八月，鄭居中罷。冬十一月，命蔡京五日一赴都堂治事。起復鄭居中爲太宰，以余深爲少宰，白時中爲中書侍郎，薛昂爲門下侍郎。

茂州夷内附，置壽寧延寧軍。

大理入貢。○注：廣州觀察使黄璘誘大理入貢。詔以其主段和譽爲雲南節度使，封大理國王。

遼置怨軍。○注：取報怨于女真之意。

十二月，方士王仔昔下獄死。○注：林靈素誣之也。有星如月南行。○注：西晉之末，五星經天縱横無常；唐末，星交流如織。今此有星如月南行，可謂變異之甚矣。故自是而後，兵禍滋熾，宇縣分裂，生民屠戮幾盡，歷二十餘年而後止。帝言天神降于坤寧殿，詔示百官。以童貫領樞密院事。○注：内侍自古無賜坐者，時貫加開府儀同三司，每春秋大燕，則坐于執政之上，日與宰相同班。進呈畢，即自屏後入内，復易窄衫，與羣閹爲伍。出則爲大臣，入則爲近侍，古之所未有也。

以童貫領樞密院事。

作萬歲山。

戊戌，重和元年，春正月，作定命寶成。○注：其文曰：範圍天地，幽贊神明，保合太和，萬壽無疆。二月，遣武義大夫馬政，浮海使金，約夾攻遼。夏五月朔，日食。秋七月，以鄭居中爲少傅，余深爲少保。

八月，以童貫爲太保。九月，掖庭大火。○注：童貫閹人爲太保，而掖庭大火，天變可畏也。鄭居中罷。

竄侍御史黃葆光于昭州。○注：直臣也。

以童貫爲太保。

金取遼八州。金遣使，求封册于遼。

遼耶律淳及金將斡魯古戰于蒺藜山，敗走。金遂取遼八州。

閏月，立周恭帝後。○注：世世爲國三恪。冬十二月。

己亥，宣和元年，春正月，詔更寺院爲宮觀。以余深爲太宰，王黼爲少宰。二月，以鄧洵武爲少保。

三月。

遼大饑，人相食。

占城入貢。○注：占城在中國西南，東至海，西至雲南，南至真臘一月程，西北至交州四十日。所統大小聚落一百五。自上世未通中國，周顯德中始入貢，其後朝貢不絕。至是封爲王。

遼遣使册金阿骨打爲東懷國

劉法及夏人戰于統安城，敗走。

夏四月朔，日食。五月，京師大水。

六月，夏人來，詔童貫罷兵，以貫爲太傅。

秋八月，范致虛罷。九月，幸蔡京第。加蔡攸開府儀同三司。

	以童貫爲太傅。	
皇帝，阿骨打不受。○注：東懷乃小邦，懷其德之意。遼以之册金，金之意以爲若是者，則處我一附庸也。		金製女真字。○注：女真初無文字，及獲契丹、漢人，始通契丹、漢字。金主遂命谷神依倣漢人楷字，因契丹字製度，合本國語，製女真字行之。
夏人追殺之。		

冬十月，頒紹述、熙豐政事書于天下。十一月，以張邦昌、王安中爲尚書左右丞。

十二月，帝數微行。竄秘書省正字曹輔于梆州。○注：帝多微行，曹輔上疏極諫。帝得疏，令赴都堂審問。余深曰：『小官何敢論大事？』輔曰：『大官不言，故小官言之。』王黼謂張邦昌等曰：『有是事乎？』皆應以不知。輔曰：『里巷小民無不知者，相公當國獨不知耶？曾此不知，焉用彼相！』黼怒，命吏从輔受詞，輔操笔曰：『區區之心，一無所求，愛君而已。』退而待罪于家。

召楊時爲秘書郎。

庚子，二年，春正月，罷道学。林靈素有罪，放歸田里。

三月。

夏五月。六月，詔蔡京致仕。秋八月，金人來議攻遼及歲幣。遣馬政報之。以余深爲少傅。

冬十月朔，日食。加内侍梁師成太尉。

加内侍梁師成爲太尉。睦州人方臘作亂，詔童貫發兵討之。○注：初唐末永徽中，睦州女子陳碩真反，

遼復遣使如金議册禮，金不許。

金侵遼上京，留守耶律撻不野以城降。

十一月，余深罷，以王黼爲少保太宰。

十二月。

辛丑，三年，春正月，鄧洵武卒。詔罷蘇杭應奉局花石綱。

自稱文佳皇帝，故其地相傳有天子基。臘因得憑籍以自信。臘有漆園造作局，屢酷取之。時吴中困于朱勔花石之擾，臘因民不能忍，陰聚衆作亂，自號聖公，建元永樂。

真臘入貢。○注：真臘在占城南，地方七千里，政和中始通中國。至是遣郎將來朝，詔封其主金裒賓深爲國王，恩比占城。

二月，罷方田。罷州、縣學三舍法。

夏四月。

五月，以鄭居中領樞密院事。

淮南盜宋江掠京東諸郡。知海州張叔夜擊降之。○注：江以三十六人横行河朔，轉掠十郡。侯索[①]上書，以江討方臘自贖。帝命索知東平府，未赴，卒。命張叔夜知海州。夜覘江趨海濱，募死士伏戰，擒其副賊，江乃降。

童貫合兵擊方臘，破之，執臘以歸。

安置御史中丞陳過庭于黃州。

遼都統耶律余覩叛，降金。○注：遼主次子晋王敖虜斡，遼主文妃蕭氏所生。余覩，文妃之妹壻也。元妃之兄蕭奉先誣文妃與余覩谋立晋王，遼主賜文妃死。余覩在軍中聞之，懼，率千餘騎叛降于金。

①侯索：当为『侯蒙』。

閏月，復置應奉司。秋七月，黑眚①見于禁中。

八月，加童貫太師，封楚國公。九月，以王黼爲少傅，鄭居中爲少帥。

冬十月。

十一月，馮熙載罷，以張邦昌爲中書侍郎，王安中、李邦彥爲尚書左右丞。

○注：因上言誅蔡京、王黼、朱勔三人也。	加童貫太師，封楚國公。方臘伏誅。○注：臘遁幫源洞，據嚴屋爲窟。韓世忠挺身，擒臘以出。	詔童貫復領陝西、兩河宣撫使。	
			金侵遼中京。○注：初，遼耶律余覩奔金，金粘没喝言于金主曰：『可乘釁取遼中京。』金主即以余覩爲鄉道侵遼中京。

①黑眚：古代谓五行水气而生的灾祸。

壬寅，四年，春正月，以蔡攸爲少保。

二月。

管勾太平觀陳瓘卒。

金克遼中京，遼耶律延禧殺其子晉王敖虜斡，走雲中。○注：晉王敖虜斡，余覩之甥也。金克中京，蕭奉先言于遼主曰：『余覩此來欲立甥耳，爲社稷計，何惜一子。』會耶律撒八等謀立敖盧斡，事覺，遼主遣人縊殺之。敖盧斡素有人望，諸軍聞其死，由是人心解體。余覩引金兵逼遼主行宮，遼主走雲中，遺傳國璽于桑乾河。

御批 遼之建國，在宋之先，相鄰百有餘年，一旦乘遼之敝，結金以圖之，不知唇亡齒寒，失策極矣。矧信誓昭然，甘于背棄，其不祥孰大焉？固不待靖康之末而知其傾覆也。

三月，詔童貫、蔡攸等勒兵巡邊以應金。

夏四月。

五月。

六月，以王璞爲少師。

三月	夏四月	五月	六月
		童貫進兵擊遼，敗績，退保雄州。詔班師。	
金克遼西京。	金取遼東勝諸州，獲阿踈以歸。		
			夏人救遼，
金襲遼軍，延禧走夾山。遼燕京留守李處温等以耶律淳稱帝，遙廢其主延禧爲湘陰王。金克遼西京。			遼耶律淳死，其

秋七月，詔童貫、蔡攸再舉伐遼。以劉延慶爲都統制。

八月。冬十月，以蔡攸爲少傅，判燕山府。

十二月，萬歲山成，更名曰艮嶽。户部獻今年民數。〇注：時天下分爲二十六路，京府四，府三十，州二百五十四，縣一千二百三十四，户二千八十八萬二千二百五十八，口四千六百七十三萬四千七百八十四。户口視西漢盛時，蓋有加焉。

	金阿骨打襲遼延禧于石輦鐸，延禧敗走。	
金襲，敗之于宜水。		
妻蕭氏稱太后，主國事。李處温伏誅。		金克遼燕京，耶律淳妻蕭氏奔天德。

癸卯，五年。

春正月。

二月。

夏四月，金人來歸燕及涿、易、檀、順、景、薊之地。詔童貫、蔡攸班師。

春正月	二月	夏四月
○注：金太宗完顏吳乞買天會初年。 金以遼平州爲南京，命張轂留守。		金襲遼延禧于青塚，獲其子女、族屬、從臣以歸。
遼知北院樞密事奚回离保，自稱奚帝。	遼延禧追廢淳爲庶人，殺淳妻蕭氏。	

五月，以楊時爲邇英殿說書，以王黼爲太傅，總治三省事。鄭居中为太保，蔡攸为少師，進封童貫为徐豫國公，居中辭不拜，尋卒。		六月，金張瑴以平州來歸。以蔡攸領樞密院事。	秋七月，童貫致仕。禁元祐學術。○注：詔令毀司馬光等文集板，凡舉人傳習元祐學術者，以違制論。又詔蘇軾、黃庭堅等片文隻話，并令焚毀勿存。	八月朔，日食。詔加郭藥師太尉。
			以內侍譚稹爲兩河、燕山路宣撫使。	
延禧邀戰，敗績，走雲內。	金遣使如夏。	金張瑴以平州來歸。		金阿骨打死，弟吴乞買立。
	遼延禧奔夏，都統蕭特烈以梁玉雅里稱帝。奚回离保爲其下所殺。			遼都統蕭幹自稱奚帝，引兵破景、薊州，

	冬十月。	十一月，幸王黼第觀芝。	甲辰，六年，春正月。	二月。
	詔建平州爲泰寧軍，以張瑴爲節度使。			
○注：在位十三年，壽六十一。		金人歸武、朔州。	金天會二年。	金人来索糧，不與。○注：譚稹之意。
			夏稱藩于金，金以邊地畀之。	
遂攻燕，與郭藥師戰，敗，走死。	遼雅里死，蕭特烈等復立耶律术烈爲帝。○注：术烈聖宗孫也。	遼术烈及蕭特烈爲亂兵所殺。		

閏月，京師、河東、陝西地震。○注：宫殿門皆摇動有聲。蘭州更甚，諸山草木悉没入，而山下麥苗皆在山上。

秋七月。八月，譚稹罷，復以童貫領樞密院事，兩河、燕山路宣撫使。○赦。○注：以復雲燕也。九月，以白時中爲太宰，李邦彦爲少宰，趙野宇、文粹中爲尚書左右丞，蔡懋同知樞密院事。冬十一月，王黼有罪免。置講議財利司，罷應奉司。

遼延禧復東勝諸州，至武州，與金人戰，敗走山陰。

十二月，詔蔡京復領三省事。都城有女子生髭，詔度爲道士。

河北、山東盜起。○注：山東張僊衆至十萬，又張迪衆至五萬，河北高托山號三十萬，餘二三萬者不可勝數。

乙巳，七年，春正月。

金天會三年。

遼延禧如党項，二月至應州，金將婁室獲之以歸。遼耶律大石稱帝于起兒漫。○注：是爲西遼。先是，大石以諫遼主不從，遂殺北院樞密蕭乙薛，自立爲王，率衆西走至可敦城，

御批 蔡京以庸劣之流，依附小人，以图登進。即當燭其奸閭，決意屏黜，追其誤國，而始逐之，已無及矣。用人之道，誠不可不慎之于始也。

夏四月，勒蔡京致仕。復元豐官制。

六月，封宦者童貫爲廣陽郡王。秋七月，熙河、蘭州、河東地震。○注：熙河地震，有裂數十丈者，蘭州尤甚，倉庫皆没。

封童貫爲廣陽郡王。前寶文閣待制劉安世卒。

駐于北庭都護府。會西鄙七州十八部，論以興復事，得精兵萬餘。至尋思干，西域諸國，舉兵十萬，號忽兒珊，來拒戰，大石擊敗之。又西行至起兒漫，群臣共册立大石爲帝，改號延慶，上尊號曰天祐皇帝。

八月。

九月，有狐升御榻而坐。

冬十月。

十一月，郊。

十二月，童貫自太原逃歸，金遂圍太原。罷花石綱及内外製造局，詔内侍梁方平帥衛士守黎陽。以皇太子爲開封牧。詔天下勤王，許臣庶直言極諫。罷道官及行幸諸局。

		太常少卿傅察使金，不屈，死之。	
	金將粘没喝、幹離不，分道入寇。		金幹离不入檀、薊州，郭藥師以燕山叛降金，金盡陷燕山州縣。
金廢遼延禧爲海濱王。			

詔熙河經略使姚古、秦鳳經略使種師中，將兵入援。帝傳位于太子，太子即位。尊帝爲教主道君、太上皇，帝皇后爲太上皇后。以李綱爲兵部侍郎。立皇后朱氏。○注：后，武康節度使伯材之女。以耿南仲簽書樞密院事。太學生陳東上書，請誅蔡京等六人。

欽宗皇帝。○注：名桓，徽宗子，在位一年，壽六十一歲。

丙午，靖康元年，春正月，詔中外臣庶直言得失。

梁方平之師潰于黎陽，金人遂渡河。

金天會四年。

御批
李綱之忠，悃篤摯誠，有大過人者。第靖康之時，國勢已不可爲，即使盡行其言，久居其位，亦未必有濟也。

以吴敏知樞密院事，李棁同知院事。太上皇出奔亳州，遂如鎮江。以李綱爲尚書右丞、東京留守兼親征行營使，京師戒嚴。以李邦彦爲太宰，張邦昌爲少宰。遣使督諸道兵入援。金斡离不圍京師，李綱力戰禦之。金人來議和。詔出内帑及括借士民金帛與之。遣康王構及少宰張邦昌往爲質。

康王構出質于金。

竄王黼于永州，至雍，邱盜殺之。賜李彦死，籍其家。放朱勔歸田里。

都統制馬忠敗金人于順天門。

种師道師師入援，以師道同知樞密院事，統四方勤王兵。

二月，罷李綱以謝金人。太學生陳東上書，請復用李綱。詔以綱爲尚書右丞、京城防禦使。詔除元祐黨籍學術之禁。廢苑囿宮觀可以與民者。更以肅王樞爲質于金，康王構還。詔割三鎮地以畀金，金斡離不引兵北去，京師解嚴。以張邦昌爲太宰，吴敏爲少宰，李綱知樞密院事，耿南仲、李棁爲尚書左右丞，种師道罷。

○注：康王，道君皇帝第九子，韋賢妃所生也。	肅王樞爲質于金，康王構還。
以楊時爲右諫議大夫兼侍講。賜梁師成死。	

三月，詔李綱迎太上皇于南京。

夏四月，太上皇至京師。立子諶爲皇太子。召河南尹焞至京師，賜號和靖處士，遣還。○注：焞，洛人，師事程頤，終身不就，舉聚徒洛中，非問疾弔喪不出，士大夫宗仰之。种師道薦其德行，召至京師，不欲留，賜號遣還。

五月，罷王安石配享孔子，猶從祀廟庭。六月，詔諫官極論闕失。

以楊時兼國子祭酒。梁方平伏誅。

國子祭酒楊時致仕。

夏人陷天德、雲內諸城，金人襲取之。

天狗星隕。○注：有聲如雷。考之隕之義，自天而隕，没于半空而不至地之謂也。

彗出紫微垣。○注：漢成帝永始中，有星隕之異，其後五侯擅權，賊莽居攝。今焉天狗星隕，彗出紫微，汴宋將亡之徵，顯矣。

秋七月，竄蔡京于儋州，道死。童貫伏誅。

九月，蔡攸、朱勔伏誅。罷李綱知揚州，謫劉珏、胡安國于遠州。罷西南勤王兵。○注：從唐恪、耿南仲之議也。

	蔡京道死，童貫伏誅。	蔡攸、朱勔伏誅。置四道都總管府，以李回爲大河守禦使，折彦質爲河北宣撫副使。
	金斡离不、粘没喝復分道入寇。	金粘没喝陷太原，金斡离不陷真定。
		夏人陷西安州。

冬十月，安置李綱于建昌軍。

十一月，下哀痛詔，徵兵于四方。詔王雲副康王構使金軍，許割三鎮。至磁州，州人殺雲，構還次相州。遣耿南仲、聶昌使金軍，許盡割两河地。昌爲絳人所殺，南仲奔相州。以范致虚爲陝西五路宣撫使，會兵入援。金兵圍京城，要帝出盟。南道都總管張叔夜，將兵勤王。

罷御史中丞吕好問。种師道卒。

岳飛爲承信郎。○注：飛，相州湯陰人。少負氣節，家貧力學，好《左氏春秋》、孫、吴兵法，有神力，能挽弓三百斤，弩八石。劉韐宣撫真定，募敢戰士，飛與焉。至是，因劉浩以見王故，授是職。以郭京選六甲兵以禦金。

金粘没喝，陷河東诸州郡，李回、折彦質師潰，金人遂渡河，陷西京。詔馮澥使金軍請和。

金斡离不、粘没喝圍京城，要帝出盟。

夏人陷懷德軍。

閏月，唐恪免，以何㮚爲尚書右僕射兼中書侍郎。金人要親王出盟，遣馮澥、曹輔以宗室往受盟，金人不許。詔康王構爲天下兵馬大元帥。彗星出，長竟天。郭京出禦金軍，敗走，京城陷。帝如金營請降。○注：史臣曰：金人自陷太原以來，即以講和割地爲言，李邦彥、吴敏、耿南仲、唐恪皆墮其計，獨何㮚、孫傅以爲地不可割，朝廷任之。然初無奇策可以濟難，及城破，乃反傾意講和，夫不信于造謀之始，而信于城破之後，棄天下之望，致君播遷，由惑于和議，而戰守不固也。

康王構爲天下兵馬大元帥。

十二月，康王構帥師入衛，次于東平。帝至自金營，遣使如兩河，割地以畀金。范致虛會師入援，至鄧州，師潰。

丁未，二年，〇注：高宗皇帝構建炎元年。春正月，詔兩河民降金，民不從。帝命太子監國，復如金軍。〇注：何㮚、李若水從之行。大風霾，雲霧四塞。

河東割地使劉鞈自經①于金軍。〇注：金人歎其忠，瘞之寺西岡上，遍題窗②壁，以識其處。副元帥宗澤大敗金人于衛州。

金天會五年。

西遼耶律大石建都于虎思。〇注：西遼主引兵東還，行二十日，得善地，遂建都地，號虎思斡耳朵，改元康國。

①自经：自杀。 ② 窗：同『窗』。

二月，金劫上皇及后妃、太子、宗戚至其軍。吏部侍郎李若水死之。康王構次于濟州。○注：觀此康王誠無意救君父之難矣。金人議立異姓，執孫傅、張叔夜及御史中丞秦檜。

三月，金立張邦昌爲楚帝，閤門宣贊舍人吴革，率衆討邦昌，不克而死。

夏四月，金人以二帝及后妃、太子、宗戚三千人北去。張邦昌號哲宗廢后孟氏曰宋太后。

五月，康王即皇帝位于南京。

金立張邦昌爲楚帝。

郭京伏誅。

大赦，改元。遥上靖康帝尊號曰孝慈淵聖皇帝。以黄潛善爲中書侍郎，汪伯彦同知樞密院事。〇注：高宗即位之初，而用非其人，則其政蓋可見矣。尊哲宗廢后孟氏爲元祐太后，遥尊韋氏爲宜和皇后，遥立夫人邢氏爲皇后。以張邦昌爲太保，封同安郡王，五日一赴都堂参决大事。耿南仲，免，召李綱爲尚書右僕射兼中書侍郎，簽書樞密院事。張叔夜自殺于金軍。

遣馬忠等追擊金軍。竄李邦彦、吴敏、蔡懋、李棁、宇文虚中、耿南仲、鄭望之、李鄴等于遠州。

○注：金虜犯闕，叔夜以孤軍入衛，勤王之忠已見。及北遷之後，又不食其粟而死，則始終之義可無憾矣。

○注：論主和誤國、割地罪也。追貶蔡確、蔡卞、邢恕等官。○注：以誣謗宣仁聖烈皇后也。以宗澤知襄陽府。○注：澤見帝于應天，帝欲留之，黄潛善沮之，故出。安置監察御史張所于江州。○注：張所陳帝還京城有五利，其識見豈出李綱、宗澤之下哉？

六月，李綱至行在，固辭相位，不許。以黄潛善爲門下侍郎，贈李若水、霍安國、劉韐官。詔諸路訪死節之臣以聞。以李綱兼御營使。子旉生，大赦。還元祐黨籍及元符上書人官爵。以汪伯彦知樞密院事。遣宣義郎傅雱使金軍，通問二帝。以宗澤爲東京留守。

安置張邦昌于潭州。

澤累表請帝還京師，不報。詔諸路募兵買馬，勸民出財。

秋七月，元祐太后如揚州。○注：帝從汪伯彥、黄潛善言，幸揚州避敵，遣使奉太后先行。閤門宣贊舍人曹勛，以上皇手書至自金。○注：曹勛至南京，以書進。帝泣，以書示辅臣。勛因建議募死士，入海至金東境，奉上皇由海道歸。執政難之，出勛于外。

御批 徽、欽北行年餘，宋之諸臣未有能畫一策者。曹勛所议，雖涉險道，未必得當，然其亟干君父之心，則猶可取也。

八月，以李綱、黄潛善爲尚書左右僕射，兼門下中書侍郎。罷李綱提舉洞霄宮。

以張所爲河北招撫使。

罷四路都總管。

安置河北招撫使張所于嶺南，張邦昌伏誅。○注：初邦昌僭①居禁中，華國靖恭夫人李氏嘗以果實奉之，邦昌亦以厚禮荅②之。

金斡离不卒。

②荅：同『答』。

殺太學生陳東、布衣歐陽澈。○注：以上書留李綱而罷汪、黄也。封子旉爲魏國公。張邦昌伏誅。

冬十月，帝如扬州。十一月，竄李纲于鄂州。

十二月。

金盡陷河北州郡。

一夕，邦昌被酒，李氏擁之曰：『大家事已至此，尚何言？』因以赭色半臂加邦昌身，掖入福寧殿，夜飾養女陳氏以進。及邦昌還東府，李氏私送之，語斥乘輿。至是事聞，下李氏于獄詞伏。詔馬伸如潭，數邦昌之罪，賜死。併誅王時雍等。

金人分道入寇，遂陷西京。留守孫昭遠走死。

高宗皇帝，○注：名構，欽宗弟。在位三十六年，壽八十一歲。

戊申，建炎二年。春正月，京西州郡皆陷。

以劉豫知濟南府。○注：豫，景州阜成人。宋元符中登第，累官至殿中侍御史。被劾，出爲兩浙察訪。金人南侵，棄官走。張慤薦之，知濟南府。豫到郡，金人利誘之，百姓遮豫，願以死守。豫竟出降。金人徙豫知東平，節制河南兵馬。及張邦昌廢，豫使子麟以重賂結粘罕及其腹心高慶裔輩，求僭號。

金天會六年。金人陷鄧州，安撫使劉汲死之。金將兀朮犯東京，宗澤敗之。

二月，金粘没喝焚西京而去。三月，翟進復之。詔以進爲京西北路安撫使。

和州防禦使馬擴聚兵于真定五馬山，奉信王榛以總制諸砦。

粘罕假以百姓推戴，請于金主，立豫爲帝，國號大齊，改元阜昌。初據東平，繼遷于汴。僉發鄉兵三十餘萬，付子麒、姪猊領之，分道寇宋，大敗而歸。豫猶請戰不已，金主下詔，廢爲蜀王，父子并徙上京。豫僭位凡八年，至上京，改封曹王而死。

翟進爲京西北路安撫使。

夏四月。

五月，下詔還京师，不果。定詩賦、經義試士法。詔御營統制韓世忠，會宗澤以禦金。

○注：榛，上皇子，擴得于民間，奉之以總制諸砦。	以信王榛爲河外兵馬都元帥。	
	工部侍郎兼侍講楊時罷。○注：時以龍圖閣值學士提舉洞宵宫。時東南學者推爲程氏正宗。	以宇文虚中充金國祈請使，虚中降金。詔御營統制韓世忠會宗澤以禦金。
	金兀朮復入西京，翟進擊走之。金婁室寇涇原，經略使曲端使呉玠擊之，婁室敗走同華。	金婁室大掠而東，遂陷絳州。

六月，京畿、淮甸蝗。

秋七月，東京留守宗澤卒。以杜充代之。

八月，金主吴乞買廢上皇爲昏德公，靖康帝爲重昏侯，徙之韓州。

以王庶節制陝西諸車，曲端爲都統制。

宗澤卒。○注：澤前後請帝還京二十餘奏，每爲黄潛善、汪伯彦所抑。憂憤成疾，疽發于背，臨危連呼『過河』者三而卒，年七十。贈觀文殿學士，謚忠簡。澤子穎居戎幕，都人請以繼父任，時已命杜充代，不許。充酷而無謀，悉反澤所爲，于是豪傑離心。

○注：令下之日，盡空其城，命晉康郡王孝騫等九百餘人，至韓州同處，給田十五頃，令種蒔以自給。惟秦檜不與徙，依撻懶以居，撻懶亦厚待之。

九月。

冬十一月，朝享祖宗神主于壽寧寺。○注：不能朝享于太廟陵寢，而朝享于僧寺，宋之祖宗有靈，必不受此辱己之享。郊，大赦。

	金將訛里朶襲破信王榛于五馬山砦，信王榛亡走，不知所終。	
		金婁室陷延安，王庶使曲端將兵救之。端次于襄樂不進。○注：不進，罪其不急君也。
	金將訛里朶襲破信王榛于五馬山砦，遂會粘没喝入寇。	金始撰國史。○注：女真初未有文字，粘没喝好訪問女真老人，多得其祖宗遺事。及金主嗣位，韓昉輩在左右，文學之士稍見擢拔。

十二月，以黃潛善、汪伯彥爲尚書左右僕射兼門下中書侍郎，顔岐、朱勝非爲門下中書侍郎，盧益同知樞密院事。以礼部侍郎張浚參贊御營軍事。

己酉，三年。春正月。

劉豫叛降金。

至是，采摭遺言舊事以備國史，命烏野與耶律迪越掌之。

金訛里朶陷北京，提刑郭永死之。

○注：永職任提刑，非守臣比，然且率臣固守，罵虜而死，是真舍生取義者。

金天會七年。金粘没喝陷徐州。金粘没喝入淮泗。

二月，詔劉光世將兵阻淮以拒金。光世兵潰走還，金粘没喝遂陷天长军。帝奔镇江。帝如杭州，以吕頤浩簽書枢密院事，守鎮江。遣劉俊民使金軍。詔録用張邦昌親屬。帝至杭州，赦。○注：惟李綱不赦，亦不放還。用黄潛善言，罪綱以謝金也。黄潛善、汪伯彦以罪免。以葉夢得、張澂爲尚書左右丞。贈陳東、歐楊澈官。

金婁室陷晉寧軍，徐徽言死之。

金人焚楊州而去。

三月，以朱勝非爲尚書右僕射兼中書侍郎，命張浚駐平江。葉夢得罷，以王淵同签書樞密院事。扈從統制苗傅、劉正彦作亂，殺王淵及内侍康履等，劫帝傳位于魏國公旉，請隆裕太后臨朝。○注：隆裕太后，即元祐太后也。張浚、吕頤浩會兵討賊。

夏四月，帝復位，詔張浚知樞密院事。以吕頤浩爲尚書右僕射兼中書侍郎，李邴爲尚書右丞，鄭瑴簽書樞密院事。

吕頤浩、張浚敗賊將苗翊于臨平。苗傅、劉正彦夜遁。頤浩、浚入杭州。

金以劉豫知東平府，節制河南州郡。

禁内侍不得干預朝政。以李邴參知政事。帝如江寧。册魏國公旉爲皇太子。

五月。

以張浚爲川陝、京湖宣撫處置使，便宜黜陟。

遣徽猷閣待制洪皓使金，金人拘之。

○注：遣洪皓如金，遺粘没喝書，願去尊號，奉金正朔，比于藩臣。至雲中，粘没喝迫皓仕劉豫，

六月，大霖雨。詔郎官以上言闕政。罷王安石配享神宗廟庭。

皓曰：『万里銜命，不能奉两宮南歸，恨力不能礫逆豫，忍事之耶？不願偷生狗鼠間，願就鼎鑊勿悔。』粘没喝怒，將殺之，旁一校曰：『此真忠臣也。』爲皓跪請。流遞冷山。

韓世忠獲苗傅、劉正彥，送行在誅之。

遣工部尚書崔縱使金。○注：帝以金人復來，遣崔縱使金，并通問二帝。縱至金，首以大義責金，請還二帝。金人怒，徙之穷荒。

金兀朮大舉入寇。

秋七月，太子旉卒。謚元懿。以王綯參知政事，周望同簽書樞密院事。升杭州爲臨安府。詔李邴、勝康權知三省、樞密院事，奉隆佑太后如洪州。廣州教授林勳，上本政書。○注：勳上《本政書》十三篇，言國朝兵农之政，其説甚備，朱子甚愛之。

八月，李邴罷，以劉珏權知三省、樞密院事。

閏月，以呂頤浩、杜充爲尚書左右僕射并同平章事。

縱不少屈，竟死焉。

鄭穀卒。范瓊有罪，伏誅。○注：初汴京破，二帝及宗室北遷，多瓊之謀；又左右張邦昌，爲之從衛。至是爲御營司提舉。張浚及劉子羽謀，誅之。

陝西節制使王庶罷。

罷能居郎胡寅。

帝如臨安。○注：即杭州府。

九月朔，日食。金人陷南京。

冬十月，帝至臨安，留七日，復如越州。張浚治兵于興元，以圖中原。○注：其與書漢丞相亮率諸軍出屯漢中，以圖中原同意①。

○注：寅進策七，凡數千言。吕頤浩惡其切直，罷之于外。

詔杜充、韓世忠、劉光世分屯江东以備金。

張浚治兵于興元，以圖中原。

金人陷南京。金禁民漢服，殺故知真定府李邈。

①同意：相同的意图。

金人趨江西，劉光世引兵遁。十一月，隆佑太后如虔州，江西郡多陷。

帝如浙西，未至，復如越州。知徐州趙立將兵勤王，敗金人于淮陰。以范宗尹參知政事，趙鼎爲御史中丞。○注：二人嘗建議避狄，故遂用之。鼎上言：『經營中原，當自關中始，經營關中，當自蜀始；欲幸蜀，當自荊襄始。吴越介在一隅，非進取中原之地；荊襄左顧川陜，右控湖湘，而下瞰京洛，三國所必爭。宜以公安爲行闕，而屯重兵于襄陽，運江浙之粟，以資川陜之兵，經營大業，計無出此』。

帝奔明州。

金兀术渡江，入建康。杜充叛降金，通判楊邦乂死之。

十二月，金兀朮陷臨安，遣兵渡浙追帝，帝航于海。	庚戌，四年，春正月，金人陷明州，遂襲帝于海，帝走溫州。滕康、劉珏免，以盧益、李回權知三省樞密院事。
江淮統制岳飛敗金人于廣德。金兀朮陷臨安。○注：飛六戰皆捷。擒金將王權，俘首領四十餘。飛之用兵，雖孫吳、韓鄧，不是過也。向使杜充一聽其言，則高宗必無明州之奔，而兀朮且將授首矣。	
	金天會八年。金以韓企先爲尚書左僕射兼侍中。○注：企先博通經史，知前代故事，金之賢相也。

二月，金人入東京。三月，遣使迎隆祐太后于虔州。

夏四月，張浚引兵入衛，聞金軍退，乃還。帝還越州。還趙鼎爲翰林學士，辭不拜。呂頤浩免。

五月，以范宗尹爲尚書右僕射同平章事，張守參知政事，趙鼎簽書樞密院事。

	金人入潼關，曲端使吳玠拒于彭原，敗績。端走還涇原。○注：玠怨端不爲援，大罵之。由是，曲端、吳玠自此有隙矣。	岳飛襲金人于靜安，敗之。
金兀朮引兵北還。金人入東京。	韓世忠邀擊兀朮于江中，大敗之。走建康，復引兵襲世忠，世忠敗績。兀朮遂趨江北。	

王綯罷。

六月。

秋七月，金徙二帝于五國城。八月，以謝克家參知政事。隆祐太后至越州。盧益罷。

九月。

	張浚罷其都統制曲端。	以岳飛爲通泰州鎮撫使。	劉豫，金立爲齊帝。○注：豫爲大齊皇帝，世修子禮奉金正朔，置丞相以下官。張浚使都統制
		金兀朮引兵趨陝西。金徙二帝于五國城。	金立劉豫爲齊帝。

<table>
<tr><td colspan="3">冬十月。
十一月，趙鼎罷，以富直柔簽書樞密院事。日南至，帝率百官遥拜二帝。</td></tr>
<tr><td></td><td></td><td></td></tr>
<tr><td>劉錫帥五路之兵，與金婁室大戰于富平，敗績。浚退軍秦州。○注：自是關陝不可復，論者咎浚之輕帥失律焉。</td><td>秦檜還。</td><td>張浚軍興州，遣吴玠守和尚原以拒金。</td></tr>
<tr><td></td><td>金人縱秦檜還。○注：先是朝廷雖數遣使于金，但且守且和，而專意與敵解仇息兵，則自檜始，蓋檜首倡和議。故撻懶縱之，使還也。</td><td>金人復陷涇原諸州郡。</td></tr>
<tr><td></td><td></td><td></td></tr>
<tr><td></td><td></td><td></td></tr>
</table>

十二月。

金人寇熙河。婁室卒。

辛亥，紹興元年，春正月，謝克家罷。

二月，以秦檜參知政事。

三月。

以張俊爲江淮招討使，岳飛副之。○注：時孔彥舟據武陵，張用據襄漢，李成據江淮湖湘十餘郡，尤強悍，連兵數萬，有席捲東南之意。朝廷患之，以俊爲招討使。俊請岳飛同討，許之。

張俊、岳飛大敗李成于樓子莊，羣盜皆遁。

金天會九年。

夏四月，隆祐皇太后孟氏崩。○注：年五十九，謚曰昭慈獻烈。

五月，作大宋中興玉寶。

六月，攢昭慈獻烈皇后于越州。○注：權攢[1]于會稽縣之上皇村。

秋七月，范宗尹免。

			封太祖後令話爲安定郡王。○注：神宗初，封子孫一人爲安定郡王，今久不舉，至是封德昭元孫令話，自是襲封不绝。
張浚軍閬州，分諸將守川陝。	張俊追敗李成于黄梅，成奔劉豫。岳飛招張用，降之。	張浚以吴玠爲陝西諸路都統制。	

①攢：不葬而掩其柩。

八月，以李回參知政事，富直柔同知樞密院事。以秦檜爲尚書右僕射，同平章事兼知樞密院事。詔贈程頤直龍圖閣。以呂頤誥爲尚書左僕射，同平章事兼知樞密院事。長星見，詔求直言。

冬十一月，李回罷，以孟庾參知政事。

十二月，富直柔罷。

張浚殺前威武大將軍曲端。○注：實王庶譖殺之也。	金兀术寇和尚原，吳玠及其弟璘大敗之，兀术遁。	以孟庾爲福建、江西、
	兀术寇和尚原。	金以陝西地畀劉豫。

壬子，二年，春正月，復賢良方正直言極諫科。帝如臨安。○注：從呂頤浩之請也。

二月，帝初御講殿。

夏四月，以翟汝文參知政事。

五月，以權邦彥簽書樞密院事。育太祖後子偁之子伯琮于宮中，賜名瑗。

				育太祖後子偁之子伯琮于宮中。
荊湖宣撫使，韓世忠副之。	韓世忠拔建州，范汝爲自焚死。	以李綱爲湖廣宣撫使。	詔呂頤浩都統江淮荊、湖諸軍事，開府鎮江。劉豫徙居汴。岳飛追曹成，大敗之。成走邵州。	張浚以劉子羽知興元府。
○注：于是中原盡屬于豫。	金天會十年。		金以粘沒喝爲都元帥，兀术副之。	

六月，頒戒石銘于州縣。○注：以黃庭堅所書戒石銘，頒于州縣刻石。翟汝文罷。

秋八月，秦檜免，榜其罪于朝堂。彗星見，赦，求直言。

○注：子偁，德芳五世孫。取其子伯琮入宮，命張婕妤鞠之，生六年矣。後吳才人亦請于帝，取秉義郎子彥之子伯玖，命才人鞠之，皆太祖後也。尋以伯琮爲和州防禦使，賜名瑗。

韓世忠招曹成，降之。

召宋勝非兼侍讀，罷給事中胡安國及程瑀等二十人。

九月，以朱勝非爲尚書右僕射、同平章事兼知樞密院事。

冬十月，遣官祫享于温州。

十二月，召張浚知樞密院事。○注：浚聞王似來，求解兵柄且論似不可任。吕頤浩、朱勝非不悦，故召之。

癸丑，三年，春正月，詔春秋望祭諸陵。二月。

以王似爲川陝宣撫處置副使。○注：浚始不安。

金耶律余覩謀反伏誅。遂大殺遼宗室。○注：余覩，遼之親戚也。

李綱至潭州，湖南群盜平。

罷湖廣宣撫使李綱。

李横舉兵伐金，復潁昌府。○注：詔以横知襄陽府。劉子羽、吴玠兵潰于饒風關。

金天會十一年。

三月。

夏四月，以韓肖胄簽書樞密院事，遣使金。

六月。

秋八月。

				沂王㮙有罪，金人殺之。
金人入興元，子羽、玠還，擊破之。	李橫傳檄收復東京，劉豫以金人來戰于牟駞岡，橫師敗績，潁昌復陷。	楊太僭號大聖天王，詔統制王𤫊會兵討之。詔李橫等班師還鎮。	岳飛討江廣群盜，悉平之。	
				沂王㮙有罪，金人殺之。

九月，呂頤浩免。

冬十月。

十一月，復元祐十科取士法。○注：從朱勝非之言也。

○注：㮨與駙馬劉文彦告二帝謀變，金人按問無狀，㮨等被誅。			
	以劉光世、韓世忠爲江東、兩淮宣撫使，王燮、岳飛爲荊湖、江西制置使，分屯沿江諸州。	李成寇襄、鄧，李横奔荊南，成遂陷京西六郡。	
○注：㮨乃徽宗之子，欽宗之弟，不幸身爲降虜，而乃無辜，欲害父兄，其恶甚矣！			金兀朮陷和尚原。

十二月，韓肖胄偕金使來。

甲寅，四年，春正月，韓肖胄罷。三月，趙鼎參知政事。張浚罷。

夏五月。

秋七月，以胡松年簽書樞密院事。

八月，以趙鼎知樞密院事，都督川陝荆襄諸軍事。

吴玠、吴璘與金兀朮戰于仙人關，大敗之。張浚至臨安，罷爲資政殿大學士，居之福州。

以岳飛兼荆南制置使。

岳飛復襄陽等六郡。

楊太敗官軍于鼎江。詔岳飛移兵討之。

天會十二年。

九月，朱勝非罷。以趙鼎爲尚書右僕射同平章事，兼知樞密院事。以沈與求參知政事。

冬十月，帝自將禦金，次于平江。十一月，詔暴①劉豫罪逆于六師。以張浚知樞密院事，視師江上。

十二月。

劉豫使其子麟，以金兵入寇。	召張浚于福州。韓世忠大敗金人于大儀，追至淮而還。	金人圍廬州，岳飛使牛皋救之，金兵敗走。
		金兵自淮引還。

①暴：今写作『曝』，暴露，显露。

乙卯，五年，春正月朔，日食。召张浚還。二月，帝如臨安，以趙鼎、張浚爲尚書左右僕射，并同平章事兼知樞密院事，都督諸路軍馬。作太廟于臨安。閏月，胡松年罷。夏四月，封周後柴叔夏爲崇義公。

○注：金熙宗亶仍稱天會十三年。金主吴乞買卒，兄之孫亶立。○注：在位十四年，壽三十一歲。

上皇卒于金。○注：時司馬朴、朱弁在燕山，聞之，服斬衰，朝夕哭，金人義之而不責。洪皓在冷山聞之，北向泣血，操文以祭。　龍圖閣直學士致仕楊時卒。

五月，遣忠訓郎何蘚使金。

六月。

冬十一月，徵和靖處士尹焞于涪州。○注：和靖拒劉豫，自商州奔蜀，因止于涪。至是，范冲舉以自代。

封瑗爲建國公，就學資善堂。

楊時卒。○注：卒年八十三，謚曰文靖。

罷中書舍人胡寅。

岳飛大敗楊太于洞庭，太死，湖湘平。

以李綱爲江西安撫制置大使。○注：張浚薦其忠也。

金伐蒙古。○注：蒙古在女真之北，唐爲蒙兀部，亦號蒙骨斯。其人勁悍善戰，夜中能視，

丙辰，六年，春二月，以折彦質簽書樞密院事。沈與求罷。

夏四月。

六月，地震。求直言。

秋七月。

八月，以秦檜爲行營留守，孟庾副之，并參決尚書省樞密院事。

张浚会諸將于镇江，遣张俊屯盱眙，韩世忠屯楚州。

起復岳飛爲京湖宣撫副使。

張浚撫師淮上，遣劉光世屯廬州，岳飛屯襄陽，楊沂中屯泗州。

劉光世復壽春。

岳飛復蔡州。

以鮫魚皮爲甲，可捍流矢。

金天會十四年。

九月，帝如平江。	冬十月。	十二月，趙鼎罷。以張守參知政事。	丁巳，七年，春正月，以陳與義參知政事，沈與求同知樞密院事。
岳飛遣兵敗劉豫之衆于唐州，上疏請進軍恢復中原。帝不許，飛乃還鄂。	劉豫使劉麟、劉猊分道寇淮西，楊沂中等大敗猊于藕塘，追麟至南壽春而還。	張浚還自鎮江。韓世忠敗金人于淮陽。	
			金天會十五年，金初用大明歷。
	西遼耶律大石死。○注：大石死，子夷列幼，遺命其后蕭氏權國稱制。號感天皇帝。		

以張浚兼樞密使。何蘚還自金，始聞上皇及太后之喪，帝成服。以秦檜爲樞密使。二月朔，日食。遣王倫如金。○注：奉迎梓宮也。

三月，帝如建康。以呂祉參謀都督府軍事，張宗元爲參議官。以沈與求知樞密院事。遥尊宣和皇后韋氏爲皇太后。

劉光世免，張浚命呂祉節制其軍。

夏四月。五月，召胡安國提舉萬壽觀兼侍讀，未至而罷。

六月。

秋八月。九月，張浚免，罷都督府。以趙鼎爲尚書左僕射，同平章事兼樞密使。

冬十月。

岳飛乞終喪，遂還廬山，張浚以張宗元監其軍。

沈與求卒。岳飛奉尚書左丞高詔入朝，遂還鎮。

以張俊爲淮西宣撫使。

安置張浚于永州。

金誅其尚書左丞高慶裔。秋七月，粘没喝以憂死。

閏月，以尹焞爲崇政殿説書。韓世忠、岳飛請伐金，收復中原，不報。○注：忠、飛志存恢復，欲乘廢豫之際，擣其不備，長驅以取中原，此乃機不可失者，高宗違而不聽，可嘅①也夫。十二月，王倫還自金，尋復遣之。	戊午，八年，春正月，張守罷。二月，胡安國進《春秋傳》，詔加安國寶文閣直學士。帝定都臨安。○注：帝自建康至臨安，自是定都矣。然定都于臨安，是誠無意于中原矣。
張俊棄盱眙，還建康。韓世忠、岳飛請伐金，收復中原，不報。	
金人襲汴，執劉豫，廢爲蜀王。立行臺尚書省于汴。	金天眷初年。

①嘅：同『慨』，叹息。

三月，以劉大中參知政事，以秦檜爲尚書右僕射、同平章事兼樞密使。陳與義罷。

夏四月。

五月，王倫偕金使來。◎注：前書韓肖胄偕金使來，此又書，則是和出于宋而非出于金，明矣。秋七月，彗星見。王倫復如金。

八月。

		詔王庶視師江淮。	
金始頒行官制。金以會寧爲上京，臨潢府爲北京。	金以經義、詞賦兩科取士。		

冬十月，罷參知政事劉大中。趙鼎罷。金以張通古爲江南詔諭使，來言歸河南、陝西之地。十一月，以孫近參知政事。詔群臣議和金得失。貶樞密院編修官胡銓，監廣州都鹽倉。〇王庶罷。十二月，以李光參知政事，韓肖胄簽書樞密院事。

〇注：會寧即海古之地，金之舊土也。至是升爲上京。改遼上京臨潢府爲北京，而東京遼陽，西京大同，南京大興，中京大定府則仍舊云。

鄜延故將李世輔，誘金撒离喝來歸。金人追及之，乃奔夏。〇注：世輔，綏德青澗人。自唐以來，世襲蘇尾九族都巡檢使。年十七，隨父永奇出入行陣間。

己未，九年，春正月，大赦。二月，遣判大宗正事士㒟、兵部侍郎張燾，詣河南修奉陵寢。以尹焞提舉萬壽觀兼侍講，辭不拜。以王倫爲東京留守。三月，王倫至汴。金人歸河南、陝西之地。

夏五月。

秋七月，王倫如金，金人執之。

以吳玠爲四川宣撫使。	李世輔自夏來歸，賜名顯忠，開府儀同三司。四川宣撫使吳玠卒。	
金天眷二年。		金宋王蒲盧虎等謀反伏誅。
	夏主乾順卒，子仁孝立。○注：仁孝改元大慶，號乾順，曰崇宗。	

冬十二月，李光罷。

庚申，十年，春正月，觀文殿大學士、隴西公李綱卒。

夏四月，韓肖胄罷。

金以撻懶、杜充爲行臺左右丞相。八月，撻懶以謀反誅。

蒙古襲敗金人于海嶺。

金天眷三年。

隴西公李綱卒。○

注：綱卒于福州，年五十八，贈少師，謚忠定。朱子曰：『綱知有君父而不知有身，知天下之有安危，而不知其身之有禍難。雖以讒間竄斥，屢瀕九死，而其愛君憂國之志，終有不可奪者，可謂一世之偉人也』。

五月，遣使諭岳飛班師。

閏六月，安置趙鼎于潮州。

詔吴璘同節制陝西諸軍。六月，璘敗金人于扶風，復其城。撒离喝走鳳翔。東京留守劉錡，大敗金人于順昌，兀朮走汴。岳飛遣兵，敗金人于京西。	金人寇涇州，經略使田晟破走之。岳飛收復河南州郡。
金兀朮、撒离喝分道入寇，復陷河南、陝西州郡。	

秋七月，以王次翁參知政事。

韓世忠遣兵復海州。張俊使王德復宿州。金人棄亳而遁，俊入亳，遽還壽春。

岳飛擊走金兀朮于郾城，追至朱仙鎮，大破之。遣使修治諸陵。○注：兀朮于是欲弃汴去，有書生扣馬曰：『太子毋走，岳少保且退。古未有權臣在內、大將能立功于外者，岳少保且不免。』兀朮乃留。

九月，遣使諭韓世忠罷兵還鎮。○注：時諸大帥皆還鎮。

岳飛奉詔班師，河南州郡復陷于金。○注：檜欲割淮北與金和，一日發十二金字牌詔班師。飛泣曰：『十年之功，廢于一旦。』乃還。

嗚呼，宋事至此，浸不可爲矣。是時，諸將所向有功，金虜心喪膽落，而中原之民簞食壺漿以迎王師，誠應天順人、機不可失之時也。苟能假以歲月，莫或撓之，則不惟舊疆可復，而幽燕亦可復；不惟讐恥可清，而沙漠亦可清。惜其功業粗布，沮抑復生，使忠臣義士徒有黍離之嘆，不能過河與之一決，可哀也已。

韓世忠罷兵還鎮

金殺其左丞相谷神、右丞相蕭慶。

冬十月，臨安火。

十一月。

十二月。

辛酉，十有①一年。

春二月。

金封孔子後璠爲衍聖公。○注：時金立孔子廟于上京，求孔子後，得四十九代孫璠，封之。

金始置屯田軍于中原。

金皇統初年，金追封昏德公爲天水郡王，重昏侯爲天水郡公。

金封耶律延禧爲豫王。

①有：通『又』。

三月。

夏四月，以韓世忠、張俊爲樞密使，岳飛副之。○注：欲盡收其兵權也。六月，進秦檜爲尚書左僕射。秋七月，以范同參知政事。

八月。

九月。

張俊、楊沂中、劉錡奉詔班師。

罷岳飛奉朝請，罷爲萬壽觀使。

吴璘等收復陝西諸州，詔班師還鎮。

封耶律延禧爲豫王。金主親祀孔子。

金兀术渡淮北去。

冬十月，秦檜矯詔，下岳飛于大理獄。○注：韓世忠心不平，詣檜詰其實。檜曰：『飛子雲與張憲書雖不明，其事莫須有。』世忠曰：『莫須有三字，何以服天下也？』

十一月，范同罷。安置李光于藤州。和議成，以何鑄簽書樞密院事，奉表稱臣于金。遣使割唐、鄧、商、秦之地以畀金。秦檜殺故少保、樞密副使武昌公岳飛。

秦檜矯詔下岳飛獄。韓世忠罷。○注：自是杜門謝客，絶口不言兵，縱游西湖以自樂。

秦檜殺岳少保。○注：兀朮遺檜書曰：『必殺飛，始可和。』檜遂與張俊謀殺飛。罷飛官，使張俊誘王俊誣告張憲得岳雲手書，謀據襄陽。俊鞫之，憲不伏。檜矯詔下飛父子獄，使何鑄鞫之。飛以背舊涅『盡忠报国』字示鑄。

○注：按：西汉而下，若韓、彭、绛、灌之爲將，代不乏人。求其文武全器、仁智并施如岳飛者，一代豈多見哉？而卒死于秦檜之手，是高宗自忍棄其中原也，故忍殺飛，嗚呼冤哉！

壬戌，十有二年，春二月，詔諸州修學宮。何鑄還自金。

進封建國公瑗爲普安郡王，封崇國公璩爲恩平郡王。

鑄察其冤以白檜。檜改命万俟卨傅會其獄，檜竟手書小紙付獄。飛遂死，年三十九。雲、憲皆棄市。○飛事親孝，好賢禮士，善待士卒。嘗以少勝衆，故敵爲之語曰：『撼山易，憾岳家軍難。』張俊嘗問用兵之術，曰：『仁、信、智、勇、嚴，闕一不可。』或謂天下何時太平，飛曰：『文臣不愛錢，武臣不惜死，天下太平矣。』

金皇统二年。

〇注：初，何鑄、曹勛往金，首以太后爲請，金主不許。曹勛再三懇請，金主許之。遂遣何鑄先還，許歸徽宗及鄭后、邢后之喪，與帝母韋氏。

三月。夏四月，金使人以衮冕來册帝。〇注：宋于金則書奉表称臣，金于宋則書以衮冕来册帝，足上首下①，至是極矣。

六月，何鑄罷。秋八月，以万俟卨參知政事。金人歸徽宗皇帝、顯肅皇后鄭氏及懿节皇后邢氏之喪。

于齊安王士傿放建州。

安置王庶于道州。

①足上首下：比喻长幼尊卑相互颠倒。

皇太后韋氏至自金。九月，以孟忠厚爲樞密使。大赦。加秦檜太師，封魏國公。○注：以和好成也。冬十月，欑徽宗皇帝、顯肅皇后于永固陵，以懿節皇后祔。○注：尋改陵曰永裕，在會稽。進封秦檜爲秦、魏兩國公，辭不拜。○注：以太后回鑾推恩也。檜以封兩國與蔡京同，故辭。

十一月，張俊免。徽猷閣待制致仕伊焞卒。

劉光世卒。尹焞卒。

十二月，陝西大旱。

○注：焞質直宏毅，實體力行。程頤嘗以魯許之，且曰：『我死而不失其正者，尹氏子也。』

西遼耶律大石妻蕭氏死，子夷列立。○注：夷列改元紹興。

癸亥，十有三年，春正月，作太学。二月，作景靈宮。○注：所以奉徽宗及顯恭、顯肅二后神御也。三月，作太社、太稷壇及圜丘。夏，闰四月，立贵妃吴氏为皇后。○注：妃，開封人。王次翁罷。秋七月，行人洪皓、張邵、朱弁還自金。

金皇统三年。

○注：自建炎以來，奉使如金被囚者三十餘人，多已物故①，惟三人以和議成許归已。而金人遣七騎追之，及淮，三人已在舟中矣。帝書六經，刻石于太學。○冬三月朔，日食。復置三館。○三館，太宗所置，以养天下之士也。

甲子，十有四年，春二月，万俟卨罷。以樓炤签書樞密院事。三月，帝謁孔子廟，遂視學。夏五月，閩浙大水。

秋八月。

九月，徙赵鼎于吉陽軍。

金皇統四年。

金主亶殺其子魏王道濟。

①物故：死亡。

冬十二月，王倫爲金所殺。

乙丑，十有五年，春正月朔，初御大慶殿受朝。夏四月朔，彗出東方。大赦。六月朔，日食。帝幸秦檜第。

秋七月，放張浚于連州。

丙寅，十有六年，春正月，行籍田禮。夏五月。

六月。

金皇統五年。

放張浚于連州。○注：以浚力論時事，觸秦檜之怒，令何若劾之，遂貶于連州，尋徙永州。

金皇統六年。金韓企先卒。

金殺其翰林學士宇文虛中。

秋九月。

冬十一月。

丁卯，十有七年，春正月。以李若谷參知政事，何若簽書樞密院事。二月，李若谷罷，以段拂參知政事。

三月，何若罷，以汪勃簽書樞密院事。

夏五月。

秋八月，故相趙鼎卒于吉陽軍。

安置提舉江州、太平觀洪皓于英州。

趙鼎卒。

金劉豫死。

金遣使如西遼，西遼殺之。

金皇統七年。

金主亶殺其文武從官十餘人。

冬十月朔，日食。

戊辰，十有八年，春二月，段拂罷。○注：拂聞趙鼎死于海南，爲之歎息。秦檜怒，遂罷爲資政殿學士，尋落職興國軍居住。三月，以秦熺知樞密院事。○注：熺，秦檜之妻兄王湏子。檜無子，養以爲己子。夏四月，朔日食。秦熺罷爲觀文殿學士兼侍讀，位次右僕射。○注：熺乞避父子共政也，尋加少保。

五月。

六月。

放浙東副總管李顯忠于台州。

金皇統八年。

金以完顏亮平章政事。

冬十月，以余堯弼簽書樞密院事。

十一月。

十二月。

己巳，十有九年，春三月朔，日食。

夏五月。

冬十月。

金兀朮卒。

竄胡銓于海南。○注：新州守張隶誣之也。未幾，隶卒。

金以完顏亮爲右丞相。

○注：金皇統九年，十二月以後廢主亮天德初年。金出完顏亮于行臺。秋九月，復召入平章政事。

金主亶殺其弟胙王常勝，遂殺其后裵①滿氏。

①裵：同『裴』。

十二月。

庚午，二十年，春正月，殿司軍士施全刺秦檜，不克。檜殺之。

三月，以余堯弼參知政事，巫伋簽書樞密院事。遣堯弼使金。

下李光子孟堅于大理寺獄，流之峽州。責降徽猷閣直學士胡寅等官有差。

金完顏亮弒其主亶而自立。

金天德二年。金主尊其嫡母徒單氏及母大氏皆爲太后。

夏四月，置力田科。	冬十月，秦檜有疾，詔執政赴檜第議事。	辛未，二十有一年，春正月。二月，以巫伋爲金國祈請使。	三月。	夏五月。
金主亮大殺其宗室。	金主亮殺其左副元帥撒离喝等，夷其族。	金天德三年。金置國子監。	金大營宮室于燕。	金主亮納其叔母阿懶及宗婦于宮。

秋八月，太傅、鎮南武安寧國節度使、咸平王韓世忠卒。

冬十一月，余堯弼罷。

壬甲，二十有二年，春三月。

夏四月，巫伋罷，以章复簽書樞密院事。五月，襄陽大水。○注：平地五尺，漢水冒城而入。

韓世忠卒。○注：世忠性戇直，勇敢忠義，事關宗社必流涕極言。持軍嚴重，與士卒同甘苦。器仗規畫，精絶過人。乃解兵罷政，臥家凡十年。至是卒，孝宗朝追封蘄王，謚忠武。子彥直、彥質、彥古，皆以才見用。

編管王庶子之奇、之荀于嶺南。

金天德四年。

、

冬十二月。	癸酉，二十有三年，春正月。 夏四月。五月，潼川大水。 ○注：平地丈五尺。		甲戌，二十有四年。春正月，地震。
金主亮召濟南尹烏祿妻烏林荅氏，未至自殺。	金貞元初年。金遷都于燕。	金太后大氏卒。	金貞元二年。金右丞相蕭裕謀反，坐誅。

夏五月朔，日食。

秋七月。

冬十一月，以施鉅參知政事，鄭仲熊簽書樞密院事，加秦熺少傅，封嘉國公。

張俊卒。○以敷文閣待制秦塤修撰實録院。

注：塤，熺之子。祖父孫三世同領史職，前此未有。皆檜自知其惡，故引子孫任史職以掩之也。

金主亮納其諸从姊妹于宫。○

注：前書納叔母及宗婦，次書召烏林荅氏，此書納其諸從姊妹，所以著其雜亂之醜也。夫同姓尚不可爲，

十二月。

乙亥，二十有五年。夏四月，施鉅罷。五月朔，日食。六月，鄭仲熊罷。以湯思退簽書樞密院事。

秋八月，以董德元參知政事。○注：秦檜門人。

冬十月。

下趙鼎子汾等于大理寺獄。

徙洪皓于袁州，未至，卒。

况叔母乎？宗婦尚不可爲，况姊妹乎？

金貞元三年。金汴京火。

金主亮迎其太后徒單氏至燕。

西遼耶律夷列死，其妹普速完權國事。○注：普速完自號承天皇后，子幼故也。謚夷列曰仁宗。

進封秦檜爲建康郡王，加其子熺少師并致仕。是夕檜死。贈申王。○注：檜居相位十九年，倡和誤國，忘仇斁倫，包藏禍心，劫制君父，一時忠臣良將誅鋤殆盡。其爲檜用者，率以誣陷善類爲功，章疏皆檜自操以授言官。識之者曰：『此老秦筆也。』晚年殘忍尤甚。此檜之罪上通于天，萬死不足以贖也。黜秦檜姻黨。

十一月，以魏良臣參加政事。

十二月。

○注：皓在金抱印符，臥起十五年，身雖在金，心不忘宋，常以大仇未復爲恥。其視子卿之節，無愧焉。噫，子卿歸漢而功輝麟閣，皓歸宋而竄死遐方，惜哉！

釋趙汾、李孟堅、王之奇等自便。

復張浚、胡寅、張九成等二十九人官，徙李光、胡銓于近州。

	丙子，二十有六年，春正月，追復趙鼎、鄭剛中等官。二月，魏良臣罷。三月，罷宰相兼樞密使。○注：以边事已定也。以万俟卨參知政事。夏五月，以沈該、万俟卨爲左右僕射并同平章事，湯思退知樞密院事。六月，以程克俊參知政事。靖康帝卒于金。秋七月，彗出井。詔求直言。八月，程克俊罷，以張綱參知政事。
○注：光移郴州，銓移衡州。	
	金正隆初年。

九月，以陳誠之同知樞密院事。冬十月，復安置觀文殿大學士張浚于永州。○注：浚去國二十年，天下士無賢不肖，莫不傾心慕焉。秦檜惡其害己，放于連州。檜死，復觀文殿大學士，判洪州。會星變詔直言，乃上疏極言沈該、万俟卨、湯思退等，謂敵未有釁，而先爲虜備。皆笑其狂，又放于永州。

丁丑，二十有七年，春二月，以湯鵬舉參加政事，三月。夏六月，以湯思退爲尚書右僕射、同平章事。

万俟卨卒。○注：卨二年。爲相，主和議固位，無異秦檜，士論薄之。

金正隆

○注：死万俟卨而相湯思退，則是魯衛之政，兄弟也。秋九月，張綱罷，以陳康伯參知政事。冬十月，湯鵬舉免。

戊寅，二十有八年，春二月，以陳誠之知樞密院事，王綸同知院事。

秋七月。

冬十月。

己卯，二十有九年。

金正隆三年。

金以李通參知政事。

金營汴宮。○注：向自會寧遷燕，今自燕遷汴，南侵之兆已萌矣。

金正隆四年。

春二月。夏六月，陳誠之罷，沈該免。秋七月，以贺允中参知政事。八月，召監潭州南嶽廟朱熹，不至。○注：熹，徽州婺源人，少有求道之志。父松知饒州，疾，亟屬[①]熹曰：『胡憲、劉勉之、劉子翚三人，學有淵源，吾所敬畏。吾死，汝往事之。』熹奉以告，面稟學焉。既博求之經傳，復徧[②]交當世有識之士。及舉進士，爲泉州同安主簿。罷歸，聞延平李侗學于羅從彦，得伊洛之正，遂徒步往從之。其學大要，窮理致知，反躬實踐，而以居敬爲主。築室武夷山中，四方從遊甚衆。上聞其賢，故召之，卒不至。九月，以汤思退、陈康伯爲尚書左右僕射并同平章事。

金籍諸路兵造戰具。○注：是欲逞一時之私而懷滑夏[③]之心，而湯思退等方恃和好，諱言用兵，豈不深可嘆哉！

①屬：今作『囑』，叮囑。②徧：同『遍』。③滑夏：即华夏。滑，通『华』。

皇太后韋氏崩。○注：謚曰顯仁。冬十一月，攢顯仁皇后。十二月，以王綸知樞密院事。

庚辰，三十年，春正月，以葉義問同知樞密院事。二月，以普安郡王瑗爲皇太子，更名瑋，進封建王。夏六月，王綸罷，以葉義問知樞密院事，朱倬參知政事。秋八月朔，日食。賀允中致仕。冬十二月，湯思退有罪免。

金正隆五年。

辛巳，三十有一年，春正月朔，日食。

金正隆六年。十月，雍大定初年。

帝不受朝。○风雷、大雨雪。○注：鲁隐公時，大雨，震雷，繼以雨雪，孔子以八日之间再有大變，謹而書之。今一夕之间，二異交至，陰盛也。逆亮、滑夏之僟兆矣。二月，分經義、詩賦爲两科以取士。

三月，以楊椿參知政事。以陳康伯、朱倬爲尚書左右僕射，并同平章事。

夏五月，金主亮使人来求漢淮之地，始聞靖康帝之喪。

六月。

秋七月。

以吴拱知襄陽府。○注：拱，玠之子也。本利州西路都統制使，知襄陽備金也。

以吴璘爲四川宣撫使。

以劉錡爲江淮、浙西制置使。

金主亮使人求漢淮之地。

金主亮遷都于汴。

金主亮大殺宋、遼宗室之在其國者。

故遼人移刺窩斡叛金，围臨潢。

八月。

九月，以黄祖舜同枢密院事。

宿遷人魏勝起兵復海州，詔以勝知州事。以成閔爲京湖制置使。

金主亮弑其太后徒單氏。遂大舉入寇。

金人犯黄牛堡，吴璘等敗之，遂復秦隴洮三州。劉錡遣兵復泗州。高平人王友直起兵復大名，遣使入朝。

冬十月，帝親征，詔葉義問督視江淮軍馬，虞允文參謀軍事。

金人立金人圍

海州，魏勝、曹國公烏祿李寶合擊，大爲帝于遼陽，敗之。金人更名雍。○渡淮，劉錡進注：在位二十九軍楚州以拒年，壽六十。之。吴拱、成閔遣兵復唐、鄧諸州。詔吴璘出兵漢中，璘遂復商、虢州。李寶大破金人于陳家島，殺其將完顏鄭家。金人陷揚州。劉錡遣兵拒于皂角林，大敗之。

十一月，召張浚判建康府。 十二月，帝如建康。		壬午，三十有二年，春正月，朔日食。 金主雍遣使來聘。
虞允文大敗金人于采石，金主亮趨扬州。劉錡罷，以成閔、李顯忠、吴拱爲两淮京湖三路招討使。	成閔、李顯忠收復两淮州郡。	山東人耿京起兵復東平，遣其將辛棄疾入朝。○注：即以京知東平府。棄疾，齊州歷城人。
金主亮爲其下所殺。	金主雍入燕。	金大定二年。金主雍遣使入聘。

二月，帝還臨安。

闰月，祔欽宗主于太廟。楊椿罷。遣起居舍人洪邁使金。○注：邁，皓季子也，慷慨忠烈，有諸父風。出使女真，正議無屈，不愧是職亦多矣。

夏四月，以汪澈參知政事。五月，立建王瑋爲皇太子，更名眘。六月，追封子偁爲秀王。

以虞允文爲川陝宣諭使。

吴璘復大散關，分兵守和尚原。金人走寶雞。太尉、威武節度使劉錡卒。○注：錡慷慨沉毅，有儒將風。忠義之心，老而彌篤，而與韓岳齊名，誠宋之良將也。

金主廢亮爲海陵煬王。

○注：詔曰皇太子所生父可封秀王，謚安僖，母張氏爲王夫人。

朱倬罷。帝傳位于太子，自稱太上皇帝，皇后稱太上皇后。太子即位，大赦。

史臣曰：高宗恭儉仁厚，以之繼體，守文則有餘，撥亂反正則不足。當其初立，因四方勤王之師，内相李綱，外任宗澤，天下之事宜無不可爲者。顧乃播遷窮僻，坐失事機，始惑于汪、黄，終制于秦檜，偷安忍恥，匿怨忘親，以貽來世之譏，悲夫！

帝朝太上皇于德壽宫。○注：帝五日一朝太上皇，不許，自是月四朝。以龍大淵爲樞密副都承旨，曾覿幹辦皇城司。○注：二人，帝潛邸内知客也。詔中外臣庶陳時政闕失。

御批

上皇在御，自當乘暇問視，豈可限定朝見之期？孝宗于宋固敦倫之主，以月四朝，遂盛稱于史册，何所見之狹也。

秋七月，召張浚入朝，以爲江淮宣撫使，封魏國公。○注：魏公之遇孝宗，可謂受知于君之澤者也。然則恢復之功必將收之桑榆矣。然見沮于史浩，豈人力之所能哉？追復岳飛官，以禮改葬。○注：官其孫六人。八月，以史浩參知政事。九月，罷川陜宣諭使虞允文。冬十月，葉義問罷，以張燾同知樞密院事。十一月。

	故遼人移剌窩斡稱帝，金將僕散忠義討平之。	金以僕散忠義爲都元帥，紇石烈志寧副之。
	故遼人移剌窩斡稱帝，金將僕散忠義討平之。	

十二月，詔宰相復兼枢密使。詔吴璘班師。

孝宗皇帝。○注：名昚，高宗子，在位二十七年，壽六十八歲。癸未，隆興元年，春正月，以史浩爲尚書右僕射，同平章事兼樞密使。以張浚爲樞密使，都督江淮軍馬，開府建康。

三月，以辛次膺同知樞密院事。張燾罷。

夏四月。

吴璘班师。	吴璘還河池，金人遂陷新復十三州軍。		張浚使李顯忠、邵宏淵分道伐金。
	金大定三年。	金人以書入朝，求海泗唐鄧商州之地及歲幣。	

五月，史浩免。帝率羣臣詣德壽宮上壽。以辛次膺參知政事，洪遵同知樞密院事。

六月朔，日食。汪澈罷，以周葵參知政事，辛次膺罷。秋七月，以湯思退爲尚書右僕射、同平章事兼樞密使。

八月。

李顯忠復靈壁，遂會邵宏淵復虹縣，金將士多降。張浚渡江，李顯忠大敗金人，復宿州。李顯忠、邵宏淵之師潰于符離。

貶張浚爲江淮宣撫使，安置李顯忠于筠州。

○注：符離之潰，乃邵宏淵惑衆不戰，非張浚、李顯忠之過。

復以張浚都督江淮軍馬。

金人復以書入朝，求地及歲幣。

冬十月，立賢妃夏氏爲皇后。○注：后，袁州宜春人，夏協之女。初納于宮中爲吴太后閤中侍御，太后以賜帝，至是立爲后。十一月，盧仲賢還，有罪除名。遣胡昉如金軍。召張浚還。詔庭臣集議和金得失。以朱熹爲武學博士，既而罷之。○注：熹應詔入對，言君父之讐不與共戴天。時相湯思退方倡和議，不悦，除武學博士，後與洪适論，不合而歸。十二月，陳康伯罷，以湯思退、張浚爲尚書左右僕射，并同平章事兼樞密使。浚仍都督江淮軍馬。

遣盧仲賢報之。

甲申，二年，春正月，金人執胡昉，尋遣還。三月，張浚視師江淮，金軍退。夏四月，罷張浚判福州。六月朔，日食。秋七月，洪遵罷。撤两淮邊備。

八月，少師、保信節度使魏公張浚卒。○注：當時，秦檜主和議，魏公主恢復，其臧否固可見矣。紹興八年二月，高宗榜秦檜罪于朝堂，示不復用，則檜和議之非亦自可寢。未幾，魏公薦檜爲醴泉觀使兼侍讀，則檜漸用事，而和議之非復作，恢復之議自見沮抑，且被檜遠竄連州，欲肆毒如岳武穆焉。此魏公之忠有餘而見不足也。

魏公張浚卒。○注：南宋以來，士大夫知順逆之勢，謹内外之防，終身不主和議者，張浚一人而已。然前忌于汪、黄，中忌于秦檜，而此又爲湯思退所忌。符離之潰，讒間紛紛，賫志以没，

金大定四年。

金以完顔守道爲尚書左丞。

遣宗正少卿魏杞使金。九月，以王之望參知政事。詔湯思退都督江淮軍馬，思退辭，不行。

冬十月。

十一月，湯思退以罪竄永州。復以陳康伯爲尚書左僕射，同平章事兼樞密使。錢端禮簽書樞密院事，虞允文同簽書院事。周葵罷。

詎不惜哉？卒，贈太師，謚忠獻。

金兵復渡淮。十一月魏勝拒戰于淮陽，敗績，死之，楚州陷。

以楊存中都督江淮軍馬。詔王之望勞師江上。閏月，金人寇揚州，之望有罪免。

十二月，以錢端禮參知政事，虞允文同知樞密院事，王剛中簽書院事。

乙酉，乾道元年，春正月，召楊存中還。二月，陳康伯卒。三月，魏杞還自金，始正敵國禮。○注：杞之此行可謂不辱君命矣。秋八月，立鄧王愭爲皇太子。○注：愭，帝長子也，郭后所生。錢端禮罷。○注：太子愭夫人，端禮之女也，太子立，端禮不得已引嫌奉祠。

陳康伯卒。

金以女真字譯經史。

金大定五年。

冬十二月，以洪适爲尚書右僕射、同平章事兼樞密使，汪澈爲樞密使，葉顒參知政事。

丙戌，二年。春二月。三月，洪适罷。以魏杞同知樞密院事。

冬十一月。十二月，以葉顒、魏杞爲尚書左右僕射，并同平章事兼樞密使。蔣芾參知政事。陳俊卿同知樞密院事。

寧武昭慶節度使楊存中卒。

金大定六年。金左丞相僕散忠義卒。

丁亥，三年，春二月，帝從太上皇幸玉津園。三月，秀王夫人張氏卒。○注：帝成服于後苑。

夏五月，太傅、四川宣撫使、新安王吳璘卒。六月，皇后夏氏崩。○注：謚曰安恭。秋七月，太子愭卒。○注：謚曰莊文。攢安恭皇后于修古寺。冬十一月，合祀天地于圜丘。雷。葉顒、魏杞免。

吳璘卒。贈太師，謚武順。

金大定七年。

戊子，四年，春二月，以蔣芾爲尚書右僕射、同平章事兼樞密使。○注：詔芾常朝，贊拜不名。芾辭，許之。

金大定八年。

冬十月起，復蔣芾爲尚書左僕射，以陳俊卿爲右僕射，并同平章事兼樞密使，芾辭，許之。○注：六月，芾以母喪去位，至是起復之。大閲于茅灘。○注：帝親御甲胄，指授方略，命三司合教爲三陣，戈中耀日，旌旗蔽天，六師驩①呼，犒賚有加。

十二月，召建寧布衣魏掞之，以爲太學録。○注：掞之師胡憲，與朱熹遊。諸司薦其學行，召赴行在，入對，帝問治要，奏曰『分臣下邪正爲要』。詔除太學録。

西遼普速完殺其夫蕭朶魯不，其舅斡里剌討誅之，而立耶律直魯古。○注：普速完與朶魯不弟朴古只沙里通。出朶魯不爲東平王而殺之。

①驩：同『歡』。

朵魯不之舅斡里剌以兵問罪，遂殺普速完及朴古只沙里，迎夷列次子直魯古立之，改元天禧。

己丑，五年，夏五月，帝不視朝。六月始視朝。〇注：以射弩弦斷傷目故也。秋八月朔，日食。以陳俊卿、虞允文爲尚書左右僕射并同平章事兼樞密使。

金大定九年。

庚寅，六年，春四月。

罷吏部尚書汪應辰。〇注：應辰剛方正直，敢言不避。

金大定十年。

御批
敬天以實不以文，詩所云不顯亦臨，小心翼翼，

五月，陳俊卿罷。閏月，以起居郎范成大爲金國祈請使。○注：求陵寢地及更定受書禮，蓋泛使也。	秋八月。	冬十月。十一月，遣中書舍人趙雄如金。	辛卯，七年，春正月朔，上太上皇尊號。帝作敬天圖。○注：取尚書所載敬天事，編爲兩圖，朝夕視覽，以自警省。	二月，立恭王惇爲皇太子，大赦。進封慶王愷爲魏王。
				進封慶王愷爲魏王，判寧國府。
			金大定十一年。	
夏相任得敬脇其主仁孝中分其國，請命于金，金主不許。	夏任得敬伏誅。			
		高丽翼陽公晧廢其君晛而自立。○注：晧，晛之弟也。		

昭事上帝，皆常存敬畏，不因有所見而始惕也。宋孝宗作敬天圖，尚隔一膜。虞允文之言可謂切至。

○注：莊文太子卒，慶王以次當立，帝以恭王惇英武類己，越次立之，而進封愷爲魏王，判寧國府。三月，金葬欽宗皇帝于鞏洛之原。○注：以一品禮。以張説簽書樞密院事，未拜而罷。○注：説妻，太上皇后女弟也。説因攀緣親屬擢拜樞府，張栻上書切諫，遂寢。夏四月，詔皇太子領臨安尹。

冬十月，金人來聘。

壬辰，八年，春二月，改左右僕射爲左右丞相，以虞允文、梁克家爲之，并兼樞密使。

罷左司員外郎兼侍講張栻。○注：在朝僅一年，召對至六七，

金大定十二年。

金主雍幸太子宮。

復以張說簽書樞密院事。罷侍御史李衡等四人。〇注：張栻前論說之非而罷職，李衡此復力諫說之不可執政而貶官，孝宗何愛一小人而黜衆君子也？

夏四月。

秋七月，罷虞允文爲四川宣撫使。

癸巳，九年。

夏五月朔，日食。

秋七月。

所言皆修身、務學、畏天、恤民、抑僥倖①、屏饞諛。宰相、近習②皆憚之。

金右丞相紇石烈志寧卒。

金大定十三年。金禁女真人譯爲漢姓。

金復以會寧爲上京。

①倖：同『幸』，親幸，寵愛。 ②近習：君主寵愛親信的人。

乙未，二年，秋九月，葉衡罷。○注：龔茂良行相事。贈趙鼎太傅，追封豐國公。○注：謚忠簡。	甲午，淳熙元年，春二月，少保、四川宣撫使、雍公虞允文卒。秋八月，張説免。○注：帝廉知其欺罔也。冬十一月朔，日食。曾懷罷，以葉衡爲右丞相。	冬十月，梁克家罷，以曾懷爲右丞相，鄭聞參知政事，張説知樞密院事。
	雍公虞允文卒。○注：允文采石之功，宋事轉危爲安，實係乎此。及其罷相鎮蜀，志存興復，功雖未就，而其志爲可尚已。	
金大定十五年。高麗將趙位寵以四十餘城叛，附金，金主不受。	金大定十四年。	

閏月，以李彥穎參知政事，王淮簽書樞密院事。

○注：位寵，高麗西京留守也，以四十餘城叛附金。金主曰：『朕懷綏萬邦，豈助叛臣爲虐？』執其使付高麗。位寵伏誅。

丙申，三年，春三月朔，日食。夏六月，召朱熹爲秘書郎，不至。冬十月，立貴妃謝氏爲皇后。○注：后，丹陽人，幼孤，鞠于翟氏，冒姓翟。及爲后，復姓謝。

金大定十六年。

丁酉，四年。春二月，帝謁孔子，遂臨太學。

金大定十七年。金葬宋遼宗室。于河南廣寧舊陵。

夏六月，罷龔茂良，放之英州。秋七月，罷王雱從祀孔子。九月朔，日食。	戊戌，五年春，三月，李彥穎罷，以史浩爲右丞相兼樞密使，趙雄參知政事。夏四月，以陳俊卿判建康府。以范成大參知政事，六月罷。	秋七月，太尉、提舉萬壽觀李顯忠卒。冬十一月，史浩罷，以趙雄爲右丞相，王淮爲樞密使，錢良臣參知政事。	己亥，六月，夏旱，詔求直言。
		李顯忠卒。	
金大定十八年。			金大定十九年。

庚子，七年，春二月，右文殿修撰張栻卒。○注：卒年四十八。帝聞之，嗟嘆不已。朱熹與黄幹書曰：『吾道益孤矣。』夏五月，以周必大參知政事。○注：必大爲翰林學士幾六年，制命温雅，周盡事情，爲一時詞臣之冠。

冬十二月，資政殿學士致仕胡銓卒。

魏王愷卒。○注：帝泣然曰：『向所以越次建儲者，正爲此子福氣差薄耳。』謚惠憲。	
張栻卒。	胡銓卒。○注：銓始終不主和議，特書致仕，所以著其忠鯁自守，不容于朝，若曰世有斯人，不能大用而使之卒老衡茅哉！
金大定二十年。	

辛丑，八年。

春正月。

秋七月，著作郎吕祖謙卒。

○注：祖謙，夷簡五世孫也。自其祖好問，始居婺州。其學本之家庭，有中原文獻之傳。長從林之奇、汪應辰、胡憲游，而友張栻、朱熹。學以關、洛爲宗，旁稽載籍，心平氣和，不立岸異。世稱爲東萊先生。八月，趙雄罷，以王淮爲右丞相兼樞密使，謝廓然同知樞密院事。九月，以朱熹提舉浙東常平茶鹽。

吕祖謙卒。

金大定二十一年。

金追廢亮爲庶人。

御批 宋之諸臣排擊程朱，以僞道學斥之，固非正論，若塗飾言貌、襲取君子之名，其隱微踐履實不可以告人者，則

冬十二月，下熹社倉法于諸路。	壬寅，九年，秋七月，以李彥穎參知政事。九月，以王淮、梁克家爲左右丞相兼樞密使。以朱熹爲江西提刑，熹辭不拜。	癸卯，十年，夏六月，監察御史陳賈請禁道學。○注：陳賈之請，趨王淮之意，以詆朱子也。欺天罔人，莫此爲尤。冬十一月，朔日食。	甲辰，十有一年。
	金大定二十三年。	金大定二十三年。	金大定二十四年。

又不可不辨。設以假竊之徒盡母之爲道學，是宋室之與聞性天者，更多于孔門也。

春三月。夏六月，以周必大爲樞密使。

金主雍如會寧。

乙巳，十有二年，夏四月。

金大定二十五年。金主雍還燕。

丙午，十有三年，夏五月，宴羣臣于秘書省。賜處士郭雍號頤正先生。○注：雍之先本洛陽人，父忠孝師事程頤，著《易説》，號兼山先生。雍傳其學，通世務，隱居峽州。秋閏七月，以留正簽書樞密院事。○注：正在蜀以簡素化民，歸，裝備書數篭而已。八月，日、月、五星聚軫。

金大定二十六年。

○注：建隆間書五星聚奎，未見有聚軫者。日月五星聚軫，其異甚矣。未逾年，而太上皇崩，以致國家之大變，則異豈有虛生者乎？

冬十一月，梁克家罷。

丁未，十有四年，春二月，以周必大爲右丞相，施師點知樞密院事。秋八月，以留正參知政事。九月，太上皇有疾。冬十月，帝罷朝待疾。赦。太上皇崩，遺誥太上皇后改稱皇太后。冬十一月，詔皇太子參決庶務。

十二月，大理寺奏獄空。

金大定二十七年。

金禁女真人學南人衣飾。

○注：成康之世，囹圄虛空；漢文，盛德之主，僅能幾致刑措；唐時有雀巢獄樹，百官稱賀，亦未聞有獄空之説。孝宗末年而有獄空之奏，恐小人狐媚其君，大爲謬言以欺君也。不然，胡不書曰『大理寺獄空』？書曰『奏獄空』，是出臣下之籠蔽，非真是事，明矣。

戊甲，十有五年，春正月，復置補闕拾遺官。施師點罷，以黄洽知樞密院事，蕭燧參知政事。二月，金遣使來弔祭。三月，葬永思陵。○注：洪邁請廟號世祖，尤袤言光武以長沙王后，布衣崛起，不與哀、平相繼，其稱祀無嫌太上。中興雖同光武，實繼徽宗正統，以子繼父，非光武比。乃定號高宗。

金大定二十八年。金人遣使入朝弔祭。

夏四月，祔高宗于太廟。

五月，王淮罷。六月，以朱熹爲兵部郎官，未上而罷。貶侍郎林栗知泉州。○注：朱子因周必大之薦，得授兵部郎官之職。而林栗鄙夫因與熹論《易》《西銘》不合，遂上言詆罷。惜哉。秋七月。八月朔，日食。冬十二月，以朱熹爲崇政殿説書，熹辭不至。

己酉，十有六年。

恩平王璩卒。○注：帝友愛甚，至每宴呼以官而不名。卒，追封信王。

金建女真太學。

金大定二十九年。

春正月，黃洽罷，以周必大、留正爲左、右丞相，王藺參知政事，葛邲同知樞密院事。二月朔，日食。帝傳位于太子，太子即位，尊帝爲壽皇聖帝，皇后爲壽成皇后，皇太后爲壽聖皇太后。大赦。立皇后李氏。○注：后，安陽人，慶遠節度使道之女也。三月，廢補闕拾遺官。夏五月，周必大罷。

光宗皇帝。○注：名惇，孝宗子。在位五年，壽五十四年。

金主雍卒，孫璟立。○注：在位十九年，壽四十歲。

庚戌，紹熙元年，春正月朔，帝朝壽皇于重華宮。二月，殿中侍御史劉光祖，乞禁讖議道學者。夏四月，以伯圭嗣秀王。○注：伯圭，壽皇母兄而秀王子偁之長子也。詔即湖州秀園，立廟奉神主，建祠臨安府以藏神御，而以伯圭嗣王。秋七月，以留正爲左丞相，王藺爲樞密使，葛邲參知政事，胡晉臣簽書樞密院事。冬十二月，王藺罷，以葛邲知樞密院事，胡晉臣參知政事。	辛亥，二年，冬十一月，帝有事于太廟，后殺貴妃黃氏。
伯圭嗣秀王。	
金章宗璟明昌初年。	金明昌二年。

翌日，郊，大風雨，不卒事而還，帝有疾。

壬子，三年，春三月，帝疾瘳，群臣請朝重華宮，不果行。夏六月，以陳騤同知樞密院事。冬十一月，日南至。越六日，帝始朝重華宮。后歸謁家廟。○注：光宗不能防閑其妻，李氏之惡著矣。是歲，諸路大水。

金明昌三年。

癸丑，四年，春三月，以葛邲爲右丞相，陳騤參知政事，胡晉臣知樞密院事，趙汝愚同知知院事。

金明昌四年。

夏五月，賜禮部進士陳亮及第。留正乞罷相，不許，正出城待罪。○注：姜特立，帝東宮舊臣，帝命知閤門事，聲勢寖盛。留正列其招權預政之事，乞斥逐之。既而帝念特立不已，召之使還。正乞罷，不報，乃待罪六和塔。尋復命姜特立還浙東。秋七月，以趙汝愚知樞密院事，余端禮同知院事。

八月。九月，羣臣請帝朝重華宮，不聽，冬十一月始朝。召留正赴都堂視事。

召浙東副總管姜特立還。胡晉臣卒。

金主釋奠孔子廟。

冬十二月，以朱熹知潭州。○注：使者自金還，言金人問朱先生安在，故有是命。

甲寅，五年，春正月，壽皇有疾。葛邲罷。夏四月，帝及后幸玉津園，羣臣請帝問疾重華宮，不從。五月，壽皇疾大漸，詔嘉王擴問疾重華宮。六月，壽皇崩。帝稱疾不出，留正等請壽聖皇太后代行喪禮。○注：親喪，固所自盡，豈太后所可代而行之哉？光宗誠可謂滅絶天理者矣！

金明昌五年。金購求遺書。

夏主仁孝卒，子純佑立。

史臣曰：高宗以公天下之心，擇太祖之後而立之，乃得孝宗之賢，聰明英毅，卓然爲南渡諸帝稱首。即位之初，鋭意恢復，重違高宗之命，不輕出師，又值金國平治，無釁可乘，然易表爲書，改臣稱侄，減去歲幣，以定鄰好，金人易宋之心，至是亦寖異于前日。自古人君起自外藩，入繼大統，而能盡宫庭之孝，未有若帝者。終喪三年，又能却羣臣之請而力行之，廟號孝宗，其無愧乎！

尊壽聖皇太后爲太皇太后，壽成皇后爲皇太后。秋七月，留正請建太子，不許，遂稱疾而遁。太皇太后詔嘉王擴成服即位，尊帝爲太上皇帝，皇后爲太上皇后。○注：嘉王擴成服即位，以奉上皇，民心悦懌，中外宴然，趙汝愚之力也。立皇后韓氏。○注：后，琦五世孫。父曰同卿，侂胄，其季父也。被選入宫，能順適兩宫意，遂歸嘉王邸，至是立爲后。

大赦。○以趙汝愚兼權參知政事。復召留正赴都堂治事。詔求直言。以趙汝愚爲右丞相，汝愚辭，遂以爲樞密使。以陳騤知樞密院事，羅點簽書院事，余端禮參知政事。加殿前都指揮郭杲武康節度使，知閤門事。韓侂胄爲汝州防禦使。○注：侂胄欲推定策功，而僅遷防禦使，大失所望。禍自此始矣。八月，召朱熹至，以爲煥章閣待制兼侍講。

○注：先是，嘉王府翊善黄裳，薦熹爲天下第一等人。嘉王府直講彭龜年因講魯莊公不能制其母，云『母不可制，當制其待御僕從。』王問此誰之説，對曰朱熹。自後，每講必問朱熹説如何。至是，趙汝愚首薦熹，遂自知潭州召入經筵。

增置講讀官。内批罷左丞相留正，以趙汝愚爲右丞相。冬十月，詔議祧廟。閏月，内批罷焕章閣待制兼侍講朱熹。

○注：時正人漸逐，朱熹乃上疏條陳，激怒韓侂胄，因假内批而擯斥之也。熹登第五十年，仕于外僅九考，立朝才四十六日，進講者七，知無不言。既去，侂胄益無所忌憚矣。

十一月，以韓侂胄兼樞密都承旨。詔行孝宗皇帝喪三年。葬永阜陵。十二月，内批罷吏部侍郎兼侍講彭龜年，進韓侂胄一官。

寧宗皇帝。〇注：光宗子，名擴，在位三十年，壽五十七歲。乙卯，慶元元年，春正月，白虹貫日。以李沐爲右正言。二月，罷右丞相趙汝愚。〇注：韓侂胄欲逐趙汝愚而難其名，京鏜曰：『彼宗姓也，誣以謀危社稷，則一網打盡矣。』

金明昌六年。

侂冑因李沐嘗有怨于汝愚，引爲为右正言，使誣奏汝愚，乞罷其政。

三月朔，日食。

夏四月，以余端禮爲右丞相，鄭僑參知政事，京鏜知樞密院事，謝深甫簽書院事。流太學学生楊宏中等六人。〇注：六人：福州楊宏中、张衜、林仲麟、徐範，温州周端朝，信州蔣傅。六人伏闕上書，言李沐論罷趙汝愚也。六月，右正言劉德秀乞考核邪正真僞，遂罷國子司業汪逵等。加韓侂冑保寧節度使。

冬十一月，竄故相趙汝愚于永州，汝愚至衡州，暴卒。

	安置大府寺丞呂祖儉于韶州。〇注：以上書訴趙愚汝之忠、朱熹老儒、龜年舊學、李祥老成不當，罷斥也。	趙汝愚卒。
		金平章政事完顏守貞罷。

○注：曰故相，既以明其无罪，曰暴卒，復以哀其非命也。

丙辰，二年，春正月，以余端禮、京鏜爲左右丞相，謝深甫參知政事，鄭僑知樞密院事，何澹同知院事。二月，以端明殿學士葉翥知貢舉。○注：是時，以僞學斥君子，而所用者皆蠅營狗苟之徒，如余端禮、京鏜之爲丞相，謝深甫之爲參政，鄭僑、何澹之知樞密，葉翥之知貢舉，皆韓侂胄之爪牙，同惡相濟，爲何如哉？夏四月，余端禮罷。秋八月，禁用僞學之黨。

金承安初年。

冬十一月，召陳賈爲兵部侍郎。○注：以其嘗擊朱熹也。十二月，削秘閣修撰朱熹官，竄處士蔡元定于道州。○注：沈繼祖捃摭胡紘之奸言，詆毁朱、蔡，誠王法之所不容也，宁宗信而任之，抑又何哉？

丁巳，三年，夏閏六月，貶留正爲光祿卿，居之邵州。冬十一月，太皇太后吴氏崩。○注：謚曰憲聖慈烈。十二月，籍僞學，罷吏部侍郎黄由。

金承安二年。

戊午，四年，春三月，葬憲聖慈烈皇后。夏五月，加韓侂胄少傅，封豫國公。

金承安三年。

詔嚴僞學之禁。秋八月，育太祖十世孫與愿于宫中，賜名曮。○注：帝未有嗣，京鏜請擇宗室子育之。詔育燕懿王德昭九世孫與愿于宫中，年六歲矣。尋以爲福州觀察使，賜名曮，封衛國公。

己未，五年，春正月。二月。秋八月，帝始朝太上皇于壽康宫。九月，加韓侂胄少師，封平原郡王。

奪前起居舍人彭龜年等官，放劉光祖于房州。

金承安四年。

是歲，諸州大水。

庚申，六年，春閏二月，以京鏜、謝深甫爲左右丞相，何澹知樞密院事。三月，故秘閣修撰朱熹卒。○注：卒年七十一，謚曰文。黄幹曰：『由孔子而後，曾子、子思得其微，至孟子而始著，由孟子而後，周、程、張子繼其統，至朱子而始着。』夏六月朔，日。太上皇后李氏崩。○注：謚曰慈懿。秋八月，太上皇崩。○注：年五十四。攢慈懿皇后于修吉寺。九月，處士吕祖泰上書，請誅韓侂胄。詔配祖泰于欽州牢城。

金承安五年。

冬十月，加韓侂胄太傅。十一月，皇后韓氏崩。○注：謚曰恭淑。十二月，葬永崇陵。攢恭淑皇后于廣教寺。

辛酉，嘉泰元年，春二月，臨安大火。秋七月，何澹罷，以陳自强參知政事，張釜簽書樞密院事。大旱。

以吴曦爲興州都統制。○注：曦，挺之子。時爲殿前副都指揮使，自以世守西蜀，爲國藩屏而身留行都，不得如志，乃以賄賂宰辅，規圖帥蜀，至是爲興州都統制。

金泰和初年。

八月，張釜罷，以張巖參知政事，程松同知樞密院事。

壬戌，二年，春正月，以蘇師旦兼樞密都承旨。〇注：師旦以筆吏事韓侂胄，侂胄愛其辯慧。帝登極，竄其姓名于藩邸吏士册内，遂以隨龍得官，至是權勢日盛。二月，弛僞學黨禁，復諸貶謫者官。

譖副都統王大節，罷之。由是兵權悉歸王①曦，而異志遂成矣。

金泰和二年。

乃蠻襲西遼，滅之。〇注：西遼王直魯古出獵，乃蛮王屈出律伏兵八千擒之，而據其位，尊直魯古爲太上皇。直魯古尋死，遼祀遂絶。

①王：當爲『于』。

○注：僞學之禍，雖本于侂胄，然實京鏜創謀，而何澹、劉德秀、胡紘成之。及鏜死，三人亦罷，侂胄亦厭前事之乖戾，欲稍更改，以消中外之議。夏五月朔，日食。冬十二月，立贵妃楊氏爲皇后。加韓侂胄太師。

癸亥，三年，春正月，謝深甫罷。帝視太學。夏四月朔，日食。五月，以陳自强为右丞相。秋七月，造戰艦。八月增置襄陽騎軍，○注：尋又置澉浦水軍。

金泰和三年。

甲子，四年，春正月，韓侂胄定議伐金。○注：金爲北鄙阻韃等部所擾，無歲不興師，兵連禍結，府庫空匱，國勢日弱，民不堪命。有勸侂胄立功以自固者，而侂胄恢復之議遂起。然不待朝命，而自定議，則其專輒無君，已見于此，何待他時而後見耶？三月，臨安大火，詔百官陳時政闕失。夏五月，追封岳飛为鄂王。

金泰和四年。

乙丑，開禧元年，春三月，太白晝見。夏四月，竄武學生華岳于建寧。○注：岳上書言未宜用兵，宜斬韓侂胄、蘇師旦、周筠以謝天下。

金泰和五年。

宋		宋臣	金
五月。秋七月，詔韓侂胄平章軍國事。以蘇師旦爲安遠節度使，領閤門事。			金以僕散揆爲河南宣撫使。
九月。		以邱崈[1]爲江淮宣撫使，崈辭不拜。	
冬十二月，金遣使來。			金遣使入賀正旦。
丙寅，二年，春二月，壽慈宮火。		以程松爲四川宣撫使，吳曦副之。	金泰和六年。
夏四月，追奪秦檜王爵，改謚繆醜。		以薛叔似爲京湖宣撫使，鄧友龍爲兩淮宣撫使。	

①崈：古同『崇』。

五月，下詔伐金。詔以宗室均爲沂王柄嗣，賜名貴和。〇注：柄，孝宗孫，魏惠獻王愷之子。均之父曰希瞿，太祖九世孫也。

秋七月，以張巖知樞密院事，李壁參知政事。

詔均爲沂王柄嗣。

吴曦反，獻階、成、和、鳳四州于金以求封。

夏李安全廢其主純佑而自立。〇注：安全，崇宗孫、越王仁友子也。廢純佑自立，改號應天。未幾，純佑死，安全號之曰桓宗。

冬十月。

十一月，以邱𡩋簽書樞密院事，督視江淮軍馬。

十二月，薛叔似免。

		邱𡩋遣使如金軍議和，金僕散揆還軍下蔡。 ○注：積弱之宋不能抗積威之虜，邱𡩋議和，亦權而得中也。
金僕散揆分兵入寇。	金人陷京西州軍，招撫使趙淳焚樊城而遁。金人入西和州，十二月入成州。吳曦焚河池，退壁青野原。	金人陷真州，寇六合。金人入大散關，吳曦還興州。蒙古奇渥温鐵木真稱帝于斡難河。

程松自興元逃歸。

○注：鐵木真之先有曰孛端乂兒，母阿蘭果火生二子而寡居，夜寢，屢有光明照其腹，又生三子，孛端乂兒其季也。其後子孙蕃衍，各自爲部，居于烏桓之北，與畏羅乃蠻九姓、回鶻故城和林接壤。世奉貢于遼金，而總隸于韃靼。至也速該并吞諸部，勢愈盛大。攻塔塔兒部，獲其部長鐵木真，還次于跌里温盤陀山而生子。因以鐵木名之。也速该塔兒部叛金，鐵木真自幹難河帥衆會金師同滅之。以功授察兀禿魯，猶中國之招討使也。

又以乃蠻侵掠太甚，鐵木真議伐乃蠻。乃蠻太陽罕與蔑里乞諸部合，兵勢頗盛。鐵木真與乞大戰，擒殺太陽罕，諸部悉潰。鐵木真日益盛強。明年，遂攻西夏，破力吉寨、經落思城，大掠而還。至是，大會諸部長于斡難河之源，建九斿[1]白旗，自號爲成吉思可汗，是爲元之始祖。

蒙古滅乃蠻。

①斿：同『旒』，旌旗懸垂的飾物。

丁卯，三年，春正月，罷邱崈，以張巖督視江淮軍馬。二月。

三月。

吳曦自稱蜀王。以楊輔爲四川制置使，吳曦逐之。以知建康府葉適兼江淮制置使。四川轉運使安丙誅吳曦，傳首臨安。

安丙使興州將李好義等復西和、階、成、鳳州及大散關。

金泰和七年。金平章政事僕散揆卒于下蔡。

夏四月，以錢象祖參知政事。五月，太皇太后謝氏崩。

六月。

秋九月，葬成肅皇后。冬十一月，禮部侍郎史彌遠誅韓侂胄于玉津園，詔暴①侂胄罪惡于中外。立榮王曮爲皇太子，更名幬。○注：尋更名詢。

程松以罪竄澧州。

安丙殺宣撫司參議官楊巨源。○注：吴曦之誅，巨源之力居多，論功行賞固其宜也，何詔命一字不及巨源？安丙不思蔽賢之失，反怒而殺之，其惡甚矣。治韓侂胄党，竄陳自強于永州，斬蘇師旦，流郭倪等于嶺南，貶李壁等官。

①暴：显露，暴露。今作『曝』。

十二月，以錢象祖爲右丞相兼樞密使，衛涇、雷孝友參知政事，史彌遠同知樞密院事，林大中簽書院事。

戊辰，嘉定元年，春正月，以史彌遠知樞密院事。王柟①遠自汴。三月，以韓侂胄、蘇師旦首畀金。復秦檜爵謚。臨安大火。○注：火凡四日，焚御史臺等官舍十餘所，民舍五萬八千九十七家，城内外亘十餘里，死者甚衆。

夏六月，金人來，歸大散開及濠州。

秋七月。

宻卒。

金泰和八年。

金人歸大散關及濠州。

①柟：同『楠』。

九月，金遣使來，和議成。

冬十月，以錢象祖、史彌遠爲左右丞相，雷孝友知樞密院事，樓鑰同知院事，婁機參知政事。贈趙汝愚太師、沂國公。○注：謚忠定，後追封福王。十二月，錢象祖罷。

金遣使入朝，和議成。

金主璟卒，衛王永濟立。○注：凡五年。

己巳，二年，春正月，以樓鑰參知政事，章良能同知樞密院事，宇文紹節簽書院事。夏四月。

金主永濟大安初年。金主永濟殺其故主璟妃李氏。

宋			金	夏	
五月，起復右丞相史彌遠。○注：彌遠以母憂歸治喪，太子請賜第行在，令就第持服，以便咨訪。				蒙古入靈州，夏主安全降。○注：夏自是益衰。	
庚午，三年，夏四月朔，日食。秋八月。			金大安二年。	夏侵金葭州。	
冬十二月，婁機罷。			蒙古侵金。		
辛未，四年，春三月，臨安大火。○注：延及太廟，詔遷神主于壽慈宮。焚民舍三千七十餘家。夏四月。			金大安三年。金使人求和于蒙古，蒙古不許。		
秋八月。			蒙古攻金西京，留守紇石烈胡沙虎棄城遁，	夏主安全卒，族子遵頊立。	

閏九月。

冬十一月朔，日食。

壬申，五年，春三月。

金西北諸州皆降蒙古。

金兵禦蒙古，敗績于會河。蒙古遂入居庸關，大掠而去。

金以徒單鎰爲右丞相，紇石烈胡沙虎爲右副元帥。

金崇寧初年。金紇石烈胡沙虎有罪，放歸田里。

○注：遵頊改號光定，號安全曰襄宗。

夏五月。秋七月，雷雨，太廟屋壞。	癸酉，六年，春二月，樓鑰罷。
金河東、陝西大饑。○注：斗米錢數千，流莩滿野。	金至寧初年。九月以後，宣宗珣真祐初年。
安南王李龍翰死，其婿陳日煚襲王國事。○注：龍翰卒，子昊旵嗣，尋卒，無子，以女昭聖主國事，其婿陳日煚因襲取之。李氏自公蘊八傳，凡二百二十餘年而易姓。	故遼人耶律留哥取金遼东州郡，自立为遼王。○注：留哥，契丹人，仕金爲北邊千户。蒙古兵起，金疑遼遺民有他志。留哥不自安，遁至龍安，聚眾十餘萬，

夏四月，以章良能参知政事。

五月。

冬十月。

自爲都元帥，遣使附于蒙古。金遣胡沙往攻，留哥大敗之。遂自立爲遼王，改號元統。

金主永濟復以紇石烈胡沙虎爲右副元帥。

夏侵金保安慶。

秋八月，胡沙虎弑永濟而立昇王珣，自爲太師、尚書令、都元帥，封澤王。○注：珣在位十一年，壽六十一。

蒙古大敗金將术虎高琪于懷來，進圍燕。

高琪還，殺胡沙虎，金主以高琪爲左副元帥。蒙古以史天倪爲萬户，屯霸州。○注：時蒙古木華黎統兵侵金，所向殘破，永清人史秉直聚族謀曰：『方今喪亂，何以自保？』既而知降者得免，乃率里中數千人，詣涿州軍門降。木華黎欲用秉直，秉直辭，乃以其子天倪爲萬户。

十二月。	甲戌，七年。春正月。	夏五月。
	章良能卒。	
蒙古分兵拔金河北、河東諸州郡。	金真祐二年。金以其故主永濟之女歸蒙古。夏四月，及蒙古平。金左丞相徒單鎰卒。	金主珣徙都汴，扈衛乣軍叛降蒙古。秋七月，蒙古復圍燕。
夏取金涇州。		

秋七月，罷金歲幣。○注：從真德秀之諫也。夏人請會師伐金，不報。

九月朔，日食。

冬十二月。

乙亥，八年，春二月，雷孝友罷。三月。

	蒙古將木華黎攻金遼西州郡，下之。	金張鯨擄錦州，自稱臨海王，附于蒙古。○注：時興中府石天應亦降蒙古。	金真祐三年。金主遣兵救燕，
夏人請會師伐金，不報。			

秋七月，以鄭昭先參知政事，曾從龍簽書樞密院事。

八月。

冬十月。

十一月。

十二月。

與蒙古兵遇于霸州，大潰。五月，中都留守右丞相完顏承暉自殺。蒙古遂入燕。

金命侯摯行尚書省事于河北。

蒙古攻金潼關，不克，遂自嵩山趨汴。金人敗之。乃還。

夏取金臨洮。

以真德秀爲江東輔運副使。

蒙古木華黎殺張鯨，

丙子，九年，春二月朔，日食。東西兩川地大震。○注：馬胡夷界山崩八十里，江水不通。

夏四月。

六月。

秋七月。

冬十月。

十一月。

鯨弟致復據錦州，自稱瀛王。

金真祐四年。

金以胥鼎爲尚書左丞，行省事于平陽。

辽王留哥降蒙古。○注：蒙古主以爲元帥，居廣寧府。

張致降金。

金郝定稱帝于山東，侯摯討殺之。

蒙古克金潼關。

蒙古木華黎圍錦州，殺張致。

丁丑，十年，春正月，地震。

二月。

夏四月。

五月。

金以苗道潤爲中都經略使。

金興定初年。金尚書省請罷府州學生廩給，金主不許。

金人分道入寇。詔趙方、李珏、董居誼飭兵禦之。

趙方遣統制扈再興、鈐轄孟宗政等救棗陽。金人敗走。

六月，詔伐金。太白經天。 秋七月朔，日食。 八月。 冬十二月。					
		李全率眾來歸。詔李珏等節制京東忠義軍。			
			金以河南爲中京。		
		李全及其兄福襲金青、莒州，取之。	蒙古以木華黎爲太師，經略山南。	蒙古圍夏興州，夏主遵頊出奔西涼。	
戊寅，十一年，春正月。		以李全爲京東路總管。	金興定二年。		

夏四月。

秋八月。

冬十二月。

己卯，十二年。春正月，以曾從龍同知樞密院事，任希夷簽書院事。

金人陷西和、成、階州及河池，興元都統吳政敗之，乃去。

蒙古木華黎復攻取金河東州郡，金元帥烏古論德升等死之。

金主珣遣使入朝求和，不納，遂使其太子守緒會兵入寇。

金興定三年。復寇西和、成、鳳州。

夏人請金人會師伐金。詔許之。

夏人請會師伐金。詔許之。

二月。

夏四月，曾從龍罷。

	金人寇淮西，賈涉使李全救却之。詔加全廣州觀察使。	復以安丙爲四川宣撫使。
金人復大舉圍棗陽，趙方使知隨州許國等率師，攻唐、鄧以救之。		金築汴京裏城。蒙古張柔侵金，獲賈瑀殺之。金武仙與戰于滿城，敗績。河北郡縣多降蒙古。

六月。		孟宗政、扈再興合擊金人于棗陽，大敗之，追至鄧州而還。	
秋九月。		以賈涉主管淮東制置司，節制京東、河北軍馬。	蒙古鐵木真伐西域諸國。 金張林以山東諸郡附李全來歸。
冬十二月。		趙方使扈再興、許國、孟宗政帥師，分道伐金。	金右丞相术虎高琪有罪伏誅。
庚辰，十三年，春正月。		孟宗政敗金人于湖陽。	金興定四年。

御批 當時金之兵力固衰，以敵方張之元則不足，以敵垂敝之宋則有餘。兵法有云知彼知己，宋人

夏四月。

秋七月。

八月，太子詢卒。○注：謚曰景獻。

		金嚴實據青崖崓，以魏、博等郡來歸。李全遂會張林襲東平，敗績乃還。安丙遺兵會夏人伐金。
金封經略使王福等九人爲郡公，分河北、山東地以隸之。	金使人如蒙古求和。○注：呼蒙古主爲兄，蒙古主不允。	金恒山公武仙以真定降蒙古。木華黎以史天倪權知河北西路兵馬事，仙副之。
		夏取金會州，金遣使如夏議和。

何其昏憒也。先是遼困于金，宋乘其釁己，爲遼所敗。前車既覆而不悔，亦深可憫哉

九月。

冬十一月。

辛巳，十四年，夏五月朔，日食。六月，立沂王嗣子貴和爲皇子，更名竑。○注：貴和，燕懿王德昭之後，太祖九世孫希瞿之子。本名均，因沂靖惠王無嗣，詔爲沂王子，賜名貴和，至是立爲皇子。

蒙古遣使報金。

蒙古木華黎入濟南，嚴實復以魏博等郡降蒙古。金人襲蒙古木華黎于濟南，大敗。木華黎進圍東平。

金興定五年。

秋八月。九月，立宗室貴誠爲沂王後。○注：貴誠，初名與莒，燕懿王德昭之後，太祖九世孫希瓐之子也。母全氏，家于紹興山陰縣。初，慶元人余天錫，爲史彌遠府童子師，彌遠器重之。彌遠以帝未有儲嗣，而沂王近屬亦無後，欲借沂王置後爲名，陰择宗室可立者，備皇子之选。會天錫還鄉秋試，彌遠以其意密授之。天錫渡浙，舟抵越西門，會大雨，過全保長家避雨。保長知其爲相府客，待甚肅，又以其外孫與莒、與芮見焉。天錫憶彌遠言，还臨安告之。彌遠召二子來，大奇之。恐事洩，使保長還，撫于其父家。及貴和立为皇子，乃補與莒爲沂王後，即賜名貴誠，時年十七矣。

冬十月。

京湖制置大使趙方卒。○注：忠肅自守，堅如鐵石。

蒙古木華黎侵夏，

夏人復乞會師伐金。

十一月。

壬午，十五年，春正月朔，受恭膺天命寶于大慶殿。大赦。○注：初，鎮江都統翟朝宗得璽于金師，獻于朝。既而，趙拱又得玉印，文與璽同而加大。朝廷喜受之，行慶賀禮，大赦。夏五月，進封子竑爲濟國公，以貴誠爲邵州防禦使。

四川宣撫使安丙卒。詔以崔與之爲四川制置使，盡護蜀軍。

夏人以兵附之，遂取金葭州及綏德州。十一月，圍延安府。

張林叛降蒙古，木華黎以林行山東東路都元帥。

金元光初年。

秋八月，長星見西方。○注：蒙古耶律楚材謂其主曰：『女真將易主矣。』

九月，以宣繪參知政事，程卓同知樞密院事，薛極簽書院事。

冬十二月。

癸未，十六年，春三月。

大名忠義彭義斌復京東州縣，嚴實將晁海以青崖崓降。○注：嚴實本金將降蒙古者。

以李全爲保寧節度使、京東河北鎮撫副使。

蒙古鐵木真入西域，屠蔑里城，滅回回國，大掠忻都而還。

金元光二年。蒙古木華黎死于解州。

夏五月。

六月。

九月朔，日食。

冬十二月。

程卓卒。

贾涉卒。

○注：木华黎雍勇善謀，与博爾木、博尔忽、赤老温，俱以忠勇事其主，號为掇里班曲律，犹華言四傑也。卒年五十四。

蒙古初置達魯花赤，監治郡縣。○注：達魯花赤，猶華言掌印官也。

金主珣卒，子守緒立。○注：在位十一年，壽三十七。

蒙古攻夏，夏主遵頊傳國于其子德旺。

○注：遵頊自號上皇。德旺改號乾定。未幾，遵頊卒，德旺號之曰神宗。

甲申，十七年，春三月，金使人來請和。秋閏八月，帝崩。史彌遠矯詔立沂王子貴誠，更名昀。尊皇后爲皇太后，同聽政。封皇子竑爲濟王，出居湖州。○注：先是楊后專踰政，史彌遠擅募黨羽，竑心不平，嘗書楊后、彌遠之事于几上，曰『彌遠當決配八千里』等语。彌遠聞之懼，嘗思以处之，是以有矯詔廢竑之事。

金哀宗守緒正大初年。

史臣曰：寧宗恭儉守文，初年以舊學輔導之功，召用宿儒，引拔善類，其政可觀。中更韓侂胄，内蓄群奸，指正爲僞，外挑強邻，流毒淮甸，函首求成，國體虧矣。及史彌遠擅權，幸帝耄荒，竊弄威權。至于皇儲國統，亦得乘間伺隙，遂其廢立之私，他可知也。

九月，詔傅伯成爲顯謨閣學士，楊簡爲寶謨閣學士。辭不至。以真德秀直學士院。魏了翁爲起居郎。追封希瓐爲榮王，以其子與芮襲封奉祀。○注：帝追封所生父希瓐爲榮王，生母全氏爲國夫人，而以弟與芮嗣之。

理宗皇帝。○注：名昀，初名與莒，賜名貴誠，太祖九世孫希瓐之子。在位四十年，壽六十二歲。乙酉，寶慶元年，春正月。湖州潘壬起兵謀立濟王竑。竑討平之，史彌遠矯詔殺竑，追貶爲巴陵郡公。

金正大二年。

二月。三月，葬永茂陵。夏四月，太后以疾罷聽政。六月，加史彌遠太師，封魏國公。秋七月，贈張九成官爵。○注：贈太師，追封崇國公。録程頤後。○注：得四世孫源，以爲籍田令。罷直學士院真德秀。

冬十月。

	李全作亂，焚楚州。	
蒙古武仙殺史天倪。天倪弟天澤討仙。仙走西山。天澤入真定。		蒙古鐵木真伐夏，

十一月，以薛極參知政事，葛洪簽書樞密院事。貶魏了翁官，居之靖州。罷真德秀祠祿。

取甘肅州西涼府，十一月取靈州，进次鹽州川。

丙戌，二年，春正月，贈陸九齡等官，賜謚。録張栻、吕祖謙、陸九淵後。○注：九齡，撫州金溪人，尊程氏之學。舉進士，調興國教授。改全州教授，卒。詔贈直秘閣，謚文達。九淵，其弟也，後以將作監丞，奉祠還鄉，學者稱爲『象山先生』。

秋七月。

金正大三年。

夏主德旺以憂卒，弟子晛立。○注：蒙古主入夏，城邑多降。德旺憂悸而卒。國人立晛，號德旺曰獻宗。

丁亥，二年春，正月，贈朱熹太師、信國公。○注：熹先謚曰文，至是特贈太師，追封信國公。踰月，熹子工部侍郎在入，對言人主學問之要。帝曰：『先卿《中庸序》言之甚詳，朕讀之不釋手，恨不與之同時也。』紹定中，改封徽國公。

夏五月。

六月，朔日食。

秋八月。

御批

宋理宗以不得與朱子同時爲憾，□綸書之，以見嚮慕正學之切，不知當時信任僉壬①，即使朱子在朝，恐亦爲讒邪所中，不得大其行道。此皆掠美虛談，且以彰其祖宗之失，尤非所宜。

	李全以青州降蒙古。		
金正大四年。		金遣使請和于蒙古。	蒙古以李全行省事于山東、淮南。全自青州復入淮安，殺張林。
		蒙古鐵木真滅夏，以夏主晛歸。	

①僉壬：小人，奸人。僉，通『憸』，奸邪。

冬十二月。

金封李全爲淮南王，全不受。蒙古鐵木真死于六盤山，少子拖雷監國。

○注：蒙古主在位二十二年，卒年六十六。臨卒謂左右曰：『金精兵在潼關，難以遽破。若假道于宋，宋金世讎，必能許我。則下兵唐、鄧，直擣大梁。金急，必徵兵潼關。然兵以千里赴援，人馬疲敝，雖至，弗能戰，破之必矣。』言訖而卒。廟號太祖。凡六子，拖雷，其季子也。

戊子，紹定元年。春三月。夏六月，朔日食。冬十二月，以薛極知樞密院事，袁韶同知院事，鄭清之簽書院事，葛洪参知政事。	己丑，二年。秋八月。
金正大五年。金將完颜陳和尚大敗蒙古兵于大昌原。	金正大六年。蒙古太宗奇渥温窩闊台初年。蒙古窝阔台立。○注：窩闊台，鐵木真第三子。木真死，窝阔台自霍博之地来會喪。

冬十二月。

庚寅，三年，春二月。

起復赵范、赵葵節制鎮江、滁州軍馬。

耶律楚材以太祖遺詔，召諸王及監國奉窩闊台即位于和林東庫鐵烏阿剌里之地。〇在位十三年，壽五十六。

蒙古始定算賦。〇注：中原以户，西域以丁，蒙古以牛馬羊。蒙古以史天澤等为萬户，分守中原。

金正大七年。

冬十月。

十二月，以鄭清之參知政事，喬行簡同簽書樞密院事。詔史彌遠十日一赴都堂治事。立皇后謝氏，○注：后，天台人，丞相深甫之孫也。

○注：范、葵皆方之子，時丁母憂，求解官，不许，乃卒哭，俱復视事。

李全寇扬州，趙范、趙葵會師擊败之。

蒙古窩闊台帥眾入陝西。金以完顏合達、移剌蒲阿行省事于閿鄉，以備潼關。

辛卯，四年，春正月。夏四月，以喬行簡簽書樞密院事。

月[1]。

秋八月。

趙范、趙葵大敗李全于扬州城下，全走死新塘。

趙范、趙葵等收復淮安。

金正大八年。

蒙古侵金，使速不罕来假道。秋七月至沔州，統制张宣杀之。○注：蒙古猖獗，剗削諸國，其来假道者，特畏公議不容，姑为盡禮云爾。然藉其憑陵之势，不啻泰山之壓卵也。张宣不能防守，而乃擅杀，使人厥後虜得藉口，而釁端啟矣。

蒙古以耶律楚材爲中書令。

①此处当脱『五』字。

秋九月，太廟火。

冬十一月。

○注：楚材，遼東丹王突欲八世孫，金尚書右丞履之子，貞祐三年爲中都行省員外郎。中都陷，遂降于蒙古，至是爲中書令。楚材通術數之學，故前制《庚午元曆》上之。蒙古主每征伐，必令卜其吉凶。

蒙古拖雷入饒風關，十二月渡漢江。金完顏合達、移剌蒲阿自顺阳還鄧州，蒙古追之，獲其輜重。

十二月，新作太廟。

壬辰，五年，春正月。

二月。

以孟珙爲京西兵馬鈐轄，屯棗陽。以史嵩之爲京湖制置使。

金天興初年。蒙古窩闊台自白坡渡河，次鄭州，使其將速不臺圍金汴京。金完顏合達、移剌蒲阿引軍援汴，及蒙古拖雷戰于三峰，大敗。忠孝軍總領完顏陳和尚死之。

金陝西諸將棄潼關東還，

三月。

蒙古追及之于鐵嶺，皆殺之。金復以完顏賽不爲左丞相。

蒙古圍洛陽，金警巡使强伸力戰却之。金遣曹王訛可爲質于蒙古請和。夏四月，蒙古退軍河洛。〇注：訛可，金主之子也。金命其平章政事完顏白撒致仕。

夏五月。

六月。

秋七月，以陳貴誼同簽書樞密院事。

金汴京大疫。

金徐州軍亂，蒙古國安用入據之。

金殺蒙古使者三十餘人。○注：自是和議遂絶。

蒙古國安用降金，金封爲兗王，行東京尚書省事，賜姓名完顏用安。

金恒山公武仙等會兵救汴，八月遇蒙古于京水，皆潰。

閏九月，彗出于角。○注：以列宿考之，角則爲蛟，亦悍厲之屬也。夷狄竊發之機云爾。

冬十月。

十二月，皇太后楊氏崩。○注：謚曰恭聖仁烈。蒙古遣使來議伐金，許之。

癸巳，六年。

蒙古拖雷死。○注：拖雷生六子，長蒙哥，次水兒哥，三忽覩都，四忽必烈，五旭烈，六阿里不哥。

蒙古遣使入朝，議伐金，許之。金主守緒出奔河北，蒙古速不臺復圍汴。

金天興二年。

春正月。

三月。

金主守緒濟河，使完顏白撒攻衛州，與蒙古兵戰，大敗。金主走歸德，白撒伏誅。金汴京西面元帥崔立作亂，以梁王從恪監國而幽之，自爲太師、尚書令、都元帥，以城降蒙古。

金蒲察官奴作亂，殺左丞相李蹊等，金主以官奴權參知政事。

夏四月，葬恭聖仁烈皇后。

金崔立執其主之后妃及梁王從恪等送蒙古軍。蒙古速不臺殺從恪等，以后妃北還。

○注：前書金劫宋之二帝及后妃北去，此書蒙古殺金之梁王，以后妃北還。百年之間，前後一轍，非天道之報施耶？然宋雖中微，猶延数世，金人遁蔡，旋踵而亡。此蓋天厭夷德，特假手蒙古以賞①猾夏②之罪也。合前後書觀之，則人心天道安可誣哉？

①賞：通『償』。　②猾夏：今作『華夏』。

五月。	六月。	秋七月。
		孟珙大敗金武仙于馬蹬山，降其衆而還。
金蒲察官奴幽其主守緒于照碧堂。六月，官奴伏誅。	蒙古取洛陽，金中京留守強伸死之。金主守緒走蔡州。蒙古以孔元措襲封衍聖公。	

八月。

九月朔，日食。金人來乞糧，不許。

冬十月，以史彌遠爲太師、左丞相，鄭清之爲右丞相并兼樞密使，薛極爲樞密使，喬行簡、陳貴誼參知政事。封史彌遠爲會稽郡王，奉朝請。彌遠尋卒。十一月，詔改元。○注：史彌遠卒，帝始親政，勵精求治。鄭清之亦慨然以天下爲己任，擢召賢才。詔改明年紀元端平。

史嵩之以兵會蒙古將塔察兒伐金，取唐州。	蒙古塔察兒圍金蔡州。冬十月，史嵩之使孟珙等帥師會之。	史彌遠卒。
	金遣使入朝乞糧，不許。	金徐州降于蒙古，行省右丞相完顏賽不死之。

曾從龍、宣繒免。十二月，薛極免。

甲午，端平元年。○注：是歲金亡。

春正月。

以陳蔡西北地分屬蒙古。蒙古以劉福爲河南道總管。史嵩之使孟珙等分屯京西。

金天興三年。金主守緒傳位于其宗室承麟。孟珙以蒙古兵入蔡州，守緒及其尚書右丞完顏忽斜虎死之，承麟爲亂兵所殺，金亡。○注：承麟時爲東面元帥，乃世祖劾里鉢之後、白撒之弟也。

史臣曰：金之初興，天下莫彊焉。太祖、太宗威制中國，大槩[1]欲效遼初故事，立楚立齊，委而去之。宋人不競，遂失故物。熙宗、海陵濟以虐政，中原觖望[2]，金事幾去。世宗以仁易暴，休息斯民，故金祚百有餘年，由大定之政有以固結人心爾。章宗志存潤色，誅求無藝。至于衞紹，紀綱大壞。宣宗南渡，棄厥本根，連兵宋夏，内致困憊。哀宗之世無足爲者，區區生聚，

①槩：同『概』。②觖望：因不满意而怨恨。

三月，詔太常簿朱揚祖詣河南省謁八陵。夏四月，獻金俘于太廟，論功行賞，有差。

五月，賜黃榦、李燔、李道傳等謚，録其子。

六月，以曾從龍參知政事，喬行簡知樞密院事，鄭性之簽書院事。詔復故濟王竑官爵。

復故濟王竑官爵。

以賈貴妃弟似道爲籍田令。

趙范、趙葵請復三京。詔知廬州全子才會兵趨汴。金故將李伯淵等誅崔立以降。

圖存于亡，力盡乃斃，可哀也已①。雖然，國君死社稷，哀宗無愧②焉。

金武仙奔澤州，戍兵殺之。

金故將李伯淵等誅崔立以降。

①已，通「矣」。　②傀，通「愧」。

秋八月，朱揚祖還自河南。

九月，召真德秀爲翰林學士，魏了翁直學士院。

冬十月，詔真德秀進講大學衍義。

乙未，二年，春三月，以真德秀參知政事，陳卓同簽書樞密院事。

○注：三京，宋之故地。趙葵帥師會全子才于汴。秋七月，葵將楊誼等入洛陽。

蒙古復引兵至洛陽城下，楊誼軍潰。趙葵、全子才遂棄汴而歸。京湖制置使史嵩之免。以趙范代之。

陳貴誼卒。

五月，真德秀卒。		真德秀卒。			
夏六月，以鄭清之、喬行簡爲左右丞相兼樞密使，曾從龍知樞密院事，鄭性之同知院事，陳卓簽書院事。			蒙古主使其子闊端等分道入寇。		
秋七月。			蒙古將口温不花寇唐州，全子才等棄師走，趙范帥兵敗蒙古于上閘而還。		
冬十二月，以魏了翁簽書樞密院事，督視江淮京湖軍馬。		曾從龍卒。			安南入貢。
丙申，三年，春正月。			蒙古將忒木觮寇江陵。		

二月，召魏了翁簽書樞密院事，固辭不拜。○注：既補出外，又召使還，如呼小兒，然是豈待賢之禮邪？所以固辭不拜也。

夏四月，魏了翁罷。下詔罪己。秋七月，陳卓罷。以鄭性之參知政事，李鳴復簽書樞密院事。

九月，有事于明堂。大雨，震電。鄭清之、喬行簡免。召崔與之爲右丞相兼樞密使，復辭不至。

冬十月。

以陳韡爲松江制置使，史嵩之爲淮西制置使。

曹友聞與蒙古戰于陽平關，敗績，死之。蒙古闊端遂入成都。

蒙古初括中原民户，定賦税。

封陳日煚爲安南王。

十一月，以喬行簡爲左丞相兼樞密使。	丁酉，嘉熙元年，春二月，以鄭性之知樞密院事，鄒應龍簽書院事，李宗勉同簽書院事。李鳴復罷。召經筵進講朱熹《通鑑綱目》。
蒙古兵入淮西。詔史嵩之、趙葵、陳韡分道拒之。孟珙引兵敗蒙古忒木觮于江陵。蒙古將察罕寇真州，知州事邱岳敗之。	
	蒙古始給官府符印，定驛令。

三月，资政殿學士魏了翁卒。○注：贈少師，謚文靖。夏五月，臨安大火。○注：自巳至酉，燒民廬五十三萬。六月，鄒應龍罷，以李鳴復參知政事，李宗勉签書樞密院事。

秋八月。

魏了翁卒。

蒙古校儒士于諸路。○注：從耶律楚材之奏，以经義、詞賦、論分爲三科取士。儒人被俘爲奴者，亦令就試，其主匿弗遣者死。得士四千三十人，免爲奴者四之一。

十二月朔，日食。

戊戌，二年，春正月，以余天錫同簽書樞密院事。二月，以史嵩之參知政事，督視京湖江西軍馬，置司鄂州。

秋九月。

冬十月。

以孟珙爲京湖制置使。

○楚材又請一衡量、立鈔法、定均輸，庶政略備，民稍蘇息。

蒙古建太極書院于燕京。○注：建周子祠，以二程、張、杨、朱、游六子配食。請趙復爲師，選俊秀有識度者爲道學生。

己亥，三年，春正月，以喬行簡爲少傅、平章軍國重事。李宗勉爲左丞相兼樞密使。史嵩之爲右丞相兼樞密使，督視江淮、四川、京湖軍馬。

三月。

冬十二月，觀文殿大學士致仕崔與之卒。

由是，河朔始知道學。

孟珙復襄陽。

崔與之卒。○注：與之有學有守，屹然有大臣風，与張九齡齊名異代。贈少師，封南海郡公，謚清獻。孟珙遣兵禦蒙古于蜀口，遂復夔州。

蒙古以奥都剌合蠻提領諸路課稅。

庚子，四年，春正月，慧見營室，臨安大饑。			蒙古張柔等分道入寇。		
二月。夏四月，召史嵩之還。秋九月，喬行簡罷。		以孟珙爲四川宣撫使，珙遂大興屯田。			
冬閏十二月，李宗勉卒。以游侣知樞密院事，徐榮叟簽書院事，范鍾參知政事。		李宗勉卒。	蒙古嚴實卒。○注：子忠濟嗣。		
辛丑，淳祐元年，春正月，詔加周敦頤、張載、程顥、程頤封爵，與朱熹并從祀孔子廟庭。黜王安石從祀①。					
秋七月。八月，求遺書。			高麗王㬚，以族子爲質于蒙古。		高麗王㬚，以族子爲質于蒙古。
冬十月。			蒙古以牙剌瓦赤行省事于燕京。		

①從祀：亦即『配享』。指古代宗廟祭祀中，常設的、次于主要祭祀對象但與其密切關聯的祭祀對象。

十一月。

十二月。

壬寅，二年，春正月，游侶罷，以范鍾知樞密院事，趙葵同知院事，別之傑簽書院事。

余天錫卒。

蒙古主窩闊台卒，第六后乃馬真氏稱制。凡四年。○注：窩闊台立十有三年卒，年五十八，廟號太宗。初，蒙古主有旨，以孫失烈門爲嗣，至是后不從，遂稱制于和林。失烈門，第四子曲出之子也。

蒙古燕京行省郎中姚樞棄官，隱于蘇門。

秋九月朔，日食。

癸卯，三年，春正月。

二月。

三月朔，日食。

蒙古張柔分兵，屯田于襄城。

以余玠爲四川制置使。○注：玠家貧，落魄無行，亡命走揚州。上謁趙葵，葵壯之，留置幕府，俾帥舟師，所向有功。

余玠城釣魚山，徙合州治之。

蒙古中書令耶律楚材以憂卒。○注：乃馬真氏稱制，奧都剌合蠻專政，權傾中外。后至以御寶空紙使，自書真。楚材不敢奉詔，后不悅，楚材憤悒成疾而卒。

○楚材正色立朝，不爲勢屈，每陳國家利病，生民休戚，辭色懇切，爲相二十年，死后惟有琴玩十餘，及古今書畫、金石、遺文數千卷。至順初，贈太師，追封廣寧王，謚『文正』。

甲辰，四年，夏六月，禮部進士留夢炎及第。秋九月，詔起復史嵩之，將作監徐元杰、太學生黄愷伯等上書，論之不報。○注：先是黄濤等上書，論嵩之深姦擅權，帝不聽。及其父彌忠疾亟[1]，嵩之謁告，許之。翌日彌忠卒詔嵩之起復，徐元杰等上疏論之。

[1]疾亟：疾革，病恶性肿瘤危急。

冬十一月，詔史嵩之終喪。

十二月，以范鍾、杜範爲左右丞相兼樞密使，以劉伯正參知政事，游侣知樞密院事，趙葵同知院事。

乙巳，五年春，劉伯正罷，以李性傳簽書樞密院事。

夏四月，右丞相樞密使杜範卒。

六月。

杜範卒。

工部侍郎徐元杰暴卒。○注：韓侂胄專擅朝政，忌趙汝愚之異已，謫貶衡州中毒而卒。史嵩之竊弄國柄，忌徐元杰之異己，雖未謫貶，中毒而卒。

冬十二月，以游侶爲右丞相兼樞密使，趙葵知樞密院事，李性傳同知院事。性傳尋罷。

丙午，六年，春正月朔，日食。二月，范鍾罷。夏六月，以陳韡參知政事。

秋七月。

甫隔兩朝如出一轍，且聞杜範入相八十日卒。左司諫劉漢弼以腫疾暴卒，時謂諸公皆中毒，堂食無敢下箸者，噫，小人之禍可畏也哉！

蒙古定宗貴由初年。

蒙古主貴由立。○注：在位三年，壽四十三。貴由，太宗長子。母六皇后臨朝四年，至是，會諸王百官議立，

九月。

冬十二月，詔史嵩致仕。

丁未，七年，夏四月，以王伯大簽書樞密院事，吴潛同簽書院事。○游侶罷，以鄭清之爲太傅右丞相兼樞密使。以趙葵爲樞密使，督視江淮京湖軍馬。陳韡知樞密院事、湖南安撫大使。

寧武節度使、漢東公孟珙卒。以賈似道爲京湖制置使。

貴由乃即位于汪吉宿滅禿里之地，朝政猶出于后。

秋七月，吴潛罷，以別之傑參知政事。

戊申，八年，春三月。

蒙古主貴由卒。后斡兀立海迷失稱制。凡二年

己酉，九年，春閏二月，以鄭清之爲太師、左丞相，趙葵爲右丞相并兼樞密使，應繇、謝方叔參知政事，史宅之同知樞密院事。清之辭免太師，許之。

夏四月朔，日食。

冬十二月。

史宅之卒。

庚申，十年，春三月，趙葵罷。

以賈似道爲兩淮制置大使，李曾伯爲京湖制置使。

辛亥，十一年，春三月，以謝方叔知樞密院事，徐清叟同知院事，吴潛參知政事。

夏六月。

秋七月。

冬十一月，鄭清之卒。

		鄭清之卒。
蒙古憲宗蒙哥初年。蒙古主蒙哥立。○注：在位九年，壽五十二歲。	蒙古主命其弟忽必烈總治漠南，開府金蓮川。蒙古遣察罕等將兵，分道寇淮蜀。	蒙古忽必烈置經略司于汴，分兵屯田。

以謝方叔爲左丞相，吴潛爲右丞相并兼樞密使。

壬子，十二年，春二月朔，日食。

蒙古號西域僧那摩爲國師。

蒙古主蒙哥徙諸王于邊，殺定宗后斡兀立海迷失，竄失烈門于没脱赤。○注：失烈門，太宗之孫，太宗臨殂，命立爲嗣。則失烈門禮所當立也，諸王皆以爲言。因兀良合台等不聽，推立蒙哥，蒙哥憤諸王之異己，疾。故后之厭禳一徙之，

①厭禳：以巫术祈祷鬼神除灾降福或致灾祸于人，或降伏某物。

夏六月，閩浙大水。○注：嚴、衢、婺、信、台、處、建、劍、邵，同日大水，冒城郭，漂室廬，人民死者以萬數。

秋八月。冬十一月，吴潛罷，詔求直言。○注：時臨安大火，三日乃熄。

癸丑，寶祐元年，春正月，詔以與芮子禥爲皇子，封永嘉郡王。○注：與芮，帝之母弟也。二月朔，日食。夏五月。

秋七月，資政殿學士余玠暴卒。

召余玠還。

余玠卒。

一竄之，一殺之，果可以欺天下乎？

蒙古分漢地，封宗屬。

蒙古使忽必烈將兵擊大理。

○注：玠，蜀之長城也，玠卒之後，蜀豈復爲宋有哉？

冬十二月。

甲寅，二年，春正月。夏六月，詔籍余玠家財。○注：玠子如孫認錢三千萬，徵之，累年始足。加賈似道同知樞密院事。

冬十一月。

蒙古忽必烈滅大理，遂入吐蕃，降之。○注：虜大理國王段智興。

蒙古忽必烈以姚樞爲京兆勸農使。

蒙古忽必烈以廉希憲爲京兆宣撫使。

乙卯，三年，春正月，迅雷罷。元夕張燈。

二月。

三月，雨土。○注：土少陽，幼君大臣之象也。夏五月，四川地震，閩大水。

秋七月，謝方叔、徐清叟免。八月，以董槐爲右丞相兼樞密使，程元鳳簽書樞密院事，蔡抗同簽書院事。

蒙古忽必烈徵①許衡爲京兆提學。○注：衡，河南懷慶河内人。七歲入學，遭世亂，且貧無書。後從柳城姚樞得程朱氏書，益大有得。尋居蘇門，與樞及竇默相講習，慨然以道自任。

西南夷盡降蒙古。○注：得五城八府四郡，蠻部三十七。

①徵：(zh ē ng)，召也。

丙辰，四年，夏四月，加賈似道參知政事。五月，賜禮部進士文天祥及第。六月，丁大全逐右丞相董槐，詔罷董槐，舉洞霄宮。竄太學生陳宜中等于遠州。秋七月，以程元鳳爲右丞相兼樞密使，蔡抗參知政事，張磻簽書樞密院事。

九月。冬十一月，蔡抗罷。

丁巳，五年，春正月，加賈似道知樞密院事，召吳淵參知政事。淵未至，卒。

蒙古城開平府。○注：桓州東、灤水北之龙岡。

蒙古罷忽必烈開府，命阿蘭荅兒行省事于京兆。

夏六月。

秋八月，以張磻參知政事，丁大全同知樞密院事。

戊午，六年，春正月，以丁大全參知政事。

二月。夏四月，程元鳳罷，以丁大全爲右丞相兼樞密使。

秋九月。

以馬光祖爲京湖制置使。

蒙古將兀良合台入交趾，屠其城。

蒙古主蒙哥分道入寇，以其少弟阿里不哥守和林。

蒙古入西域，平乞石迷諸國。

蒙古主蒙哥入劍門。

回鶻貢于蒙古。

冬十一月，以賈似道爲樞密使、兩淮宣撫使。蒙古將李璮陷海州、漣水軍，賈似道上書請罪，詔不問。

十二月。

己未，開慶元年，春正月，以賈似道爲京湖南北四川宣撫大使。

二月。

秋七月。

冬十一月	十二月	正月	二月	秋七月
	詔馬光祖等進軍歸峽州以援蜀。		蒙古圍合州，王堅力戰禦之。	
蒙古將李璮陷海州漣水軍。			蒙古主蒙哥圍合州。	蒙古主蒙哥卒于合州城下，餘衆解圍北還。

八月。九月，詔諸路出師以禦蒙古。大出内府銀幣犒師。冬十月，丁大全有罪免，以吴潛爲左丞相兼樞密使。即拜賈似道右丞相兼樞密使，軍漢陽以援鄂。十一月，詔賈似道移軍黄州，遇蒙古俘卒于蘋草坪，獲之。閏月，賈似道乞和于蒙古，忽必烈引還，鄂州圍解。

蒙古忽必烈將兵渡淮，九月渡江，遂圍鄂州。

庚申，景定元年，春二月，蒙古兀良合台至鄂州，引還。賈似道使夏貴等殺其殿卒于新生磯。

三月朔，日食。賈似道奏諸路大捷，召似道還朝。○注：似道匿和議、稱臣納幣之事，以所殺獲俘卒、殿兵上表言：『諸路大捷，鄂圍始解，江漢肅清，宗社危而復安，實萬世無疆之休！』帝以似道有再造功，召入朝。白氣如匹練亘天。○注：白者，金色金革之象氣乃爲陰夷狄小人之象。

夏四月，吴潛罷。

蒙古世祖皇帝忽必烈中統初年。

蒙古忽必烈立。

高麗王㬚死，蒙古忽必烈封其子倎爲王。○注：倎，后更名植。

①匿：隱瞞。　②『和議』當作『議和』。

御批

天下之大待理于一人斷，宜讀書明理，萬幾洞察天中，可以當前。立決自然，權不下移，若中無定見，不得不委任臣下。漸至乾綱解馳，大阿旁落，鮮有不敗者，如宋理宗可以爲鑒。

加賈似道少師，封衛國公。將士進官有差。以饒虎臣參知政事，戴慶炣同知樞密院事，皮龍榮簽書院事。

○注：在位共二十一年。蒙古召竇默、許衡至開平。蒙古初定官制。蒙古以廉希憲爲陝西、四川宣撫使。蒙古阿里不哥稱帝于和林。○注：稱帝何不宜稱也。蒙古主以王文統爲中書平章政事，張文謙爲左丞。五月，文謙罷。

五月，饒虎臣罷。○戴慶炣卒。以沈炎同簽書樞密院事。熒惑入南斗。○注：留五十餘日。

六月，立忠王禥爲皇太子。

秋七月，蒙古使翰林侍讀學士郝經來修好，賈似道幽之真州。

戴慶炣卒。		
蒙古阿藍荅兒及六盤守將渾都海舉兵應和林，廉希憲等擊敗斬之。蒙古以王鶚爲翰林學士承旨。○注：王鶚，金正大元年進士第一。	蒙古撤江上軍，以史天澤爲江淮經略使。	蒙古使翰林侍讀學士郝經入朝修好。

○注：似道本是乞和，却奏大捷，郝經必洩其謀，故幽之。以賈似道兼太子太師。

冬十二月。

辛酉，二年，春正月，詔皇太子釋奠孔子，加張栻、呂祖謙伯爵并從祀。二月朔，日食。

夏四月，以皮龍榮參知政事，沈炎同知樞密院事。

五月。

以俞興爲四川制置使。

蒙古號西僧八思巴爲國師。

蒙古中統二年。

蒙古聽儒士被俘者贖爲民。

蒙古以史天澤爲中書右丞相，蒙古以姚樞爲太子太師，六月。

秋七月，竄吳潛于循州。八月。

冬十月，沈炎罷。

壬戌，三年，春正月，賜賈似道第宅家廟。

潼川安撫使劉整以瀘州叛，降蒙古。○注：整之叛，亦賈似道迫之也。

俞興討劉整，敗績，詔罷興。

竇默爲太子太傅，許衡爲太子太保，皆辭不拜。

蒙古主忽必烈擊阿里不哥于昔木土，敗走之。

蒙古中統三年。蒙古修孔子廟。

二月，皮龍榮罷。臨安饑。

三月。

夏六月，故相吴潛暴卒于循州。○注：賈似道遣劉宗申毒之也。

		吴潛卒。
蒙古江淮大都督李璮，以京東來歸，詔封璮爲齊郡王，復其父全官爵。	蒙古殺王文統。	
		封光昺爲安南王。○注：陳日煚以蒙古兀良合台既還，乃反國，傳位于其子光昺，遣使入告，詔封光昺爲安南王，加日煚爲安南大王。

秋八月。 九月。 冬十月，以楊棟簽書樞密院事，葉夢鼎同簽書院事。 十一月，竄丁大全于新州，道死。			癸亥，四年，春正月。
		丁大全卒。	
蒙古陷濟南，李璮死之。蒙古以董文炳爲山東經略使。	蒙古以阿术爲征南都元帥。	蒙古命阿合馬領中書左右部，專理財賦。	蒙古統四年。蒙古以姚樞爲中書左丞。

二月，詔買公田置官領之。罷翰林學士徐經孫。

三月。

秋七月。

甲子，五年，春三月，增公田官于平江諸路。

秋七月，彗星出。中外上書乞罷公田。賈似道力求去位，詔勉留之。黥配臨安府學生葉李等于遠州。

蒙古始建太廟。

蒙古以廉希憲爲中書平章政事。商挺參知政事。

蒙古至元初年。

蒙古阿里不哥自歸于上都，蒙古主釋不治其黨，不魯花等伏誅。

八月。九月，竄建寧府教授謝枋得于興國軍。○注：枋得考試宣城及建康，摘賈似道政事爲問目，言『權姦擅國，敵兵必至，趙氏必亡。』漕使陸景思上其稿于似道，于是左司諫舒有開劾枋得怨望騰謗，大不敬，詔竄之。行經界推排法。○注：賈似道請行推排法于諸路，由是江南之地，尺寸皆有稅，而民力竭矣。冬十月，帝崩。太子禥即位，尊皇后曰皇太后，大赦。

蒙古以劉秉忠爲太保，參領中書省事。蒙古入都于燕。○注：劉秉忠請定都于燕，仍號爲中都。

史臣曰：『理宗享國，與仁宗同。然仁宗之世，賢相相繼，理宗四十年間，若崔與之、吳潛，皆弗究于用；而史彌遠、丁大全、賈似道竊弄國柄，相爲終始，治效之不逮仁宗，宜也。蔡州之役可以雪先世之恥，顧乃貪地棄盟，事釁隨起，兵連禍結，境土日蹙，良由中年嗜欲既多，怠于政事，權移姦臣，以致于此。

然自帝繼統，首黜王安石而尊濂洛，表章朱氏，丕變士習，後世有以理學復古帝王之治者，考論其功，自帝始焉。』廟號曰『理』，其殆庶乎！

十一月。

蒙古以阿合馬爲中書平章政事。

度宗皇帝。○注：名禥，理宗母弟與芮子，理宗以爲子。在位十年，壽三十五歲。

乙丑，咸淳元年，春正月朔，日食。二月，以姚希得參知政事，江萬里同知樞密院事，王爚簽書院事。三月，葬永穆陵。夏四月，加賈似道太師，封魏國公。

蒙古至元二年。

閏五月，以江萬里參知政事，王爚同知樞密院事，馬廷鸞簽書院事。

秋八月。

冬十月。十一月，以留夢炎簽書樞密院事。

丙寅，二年，春正月，江萬里罷。二月。夏四月，姚希得、王爚罷。五月，以王爚參知政事，留夢炎同知樞密院事，包恢簽書院事。

蒙古以安童爲中書右丞相。

蒙古命許衡議省事，衡辭，不許。

蒙古至元三年。蒙古以宋子貞爲中書平章政事。

秋七月。

丁卯，三年，春正月，立皇后全氏。○注：后，會稽人，理宗母慈憲夫人姪孫也。帝釋菜于孔子，以顔回、曾參、孔伋、孟軻配，列邵雍、司馬光于從祀。○注：又升顓孫師于十哲。宋立國江左，厭厭不振，獨崇儒一節，差强人意。故雖暴莫如金，終不能越長江而問鼎于臨安；强莫如元，亦未遽渡鄂渚而逐鹿于吴地。此蓋斯文命脉有以扶持之也。二月，以賈似道平章軍國重事，三日一朝，治事都堂。三月，以程元鳳爲右丞相、樞密使，

蒙古以張德輝參議中書省事。

蒙古至元四年。蒙古許衡謝病，還懷孟。○注：衡陳時務四事：一曰立國規模，二曰中書大要，三曰爲君難，四曰農桑學校。蒙古主嘉納之。衡多病，蒙古主命五日一至中書省視事，至是，始聽歸懷孟。

葉夢鼎參知政事，王爚知樞密院事，常挺簽書院事，元鳳、爚尋罷。夏五月朔，日食。秋八月，進封嗣榮王與芮爲福王。以葉夢鼎爲右丞相兼樞密使，固辭不許。	戊辰，四年，春正月，留夢炎罷。夏四月，奪觀文殿大學士惠國公謝方叔官爵。冬十月朔，日食。	己巳，五年，春正月，葉羅鼎上疏乞致仕，不待報而去。
		以李庭芝爲兩淮制置大使。
	蒙古至元五年。	蒙古至元六年。

二月。

三月，以江萬里、馬廷鸞爲左右丞相兼樞密使。馬光祖知樞密院事。五月，光祖罷。

秋八月。

	蒙古軍圍樊，遂樊城鹿門京湖都統制張世傑將兵拒之，戰于赤灘圃，敗績。	
蒙古行新字，加號西僧八思巴爲大寶法王。○注：特命國師八思巴新創蒙古新字，頒行諸路，譯寫一切文字。其字凡一千餘，大要以諧聲爲宗。		
		高麗林衍廢其主禃而立安慶公淐。冬十月，蒙古遣兵討之。

庚午，六年，春正月，江萬里罷。○注：萬里以襄樊爲憂，屢請益師往救，似道不答，遂力求去，出知福州。

三月朔，日食。夏四月，罷直學士院文天祥。秋八月，詔賈似道十日一朝，八朝不拜。

冬十月。

以李庭芝爲京湖制置大使，督師援襄樊。

詔范文虎總中外諸軍，救襄樊。

蒙古至元七年。蒙古立尚書省，以阿合馬平章政事。

蒙古以許衡爲中書左丞，衡固辭不許。

○注：淐，禃弟也，爲權臣林衍所廢立。蒙古命趙壁問其罪，且詔止誅衍，餘無所問。

辛未，七年，春二月，大饑。

○注：文虎，賈似道之婿也。

蒙古至元八年。十一月改國號曰元。

蒙古復立王禃爲高麗王。○注：趙璧至東京，林衍已死，乃言于蒙古主，復以禃復國。未幾，衍黨裴仲孫等復立禃庶族承化侯爲王，竄入珍島。

夏五月。

蒙古兵分道，寇嘉定諸路。

六月。秋八月朔，日食。

范文虎帥師至鹿門而遁，李庭芝自劾請代，不許。

蒙古以許衡爲集賢大學士兼國子祭酒。

冬十一月。

蒙古改國號曰『元』。

十二月，初置士籍。

壬申，八年，夏五月。

六月，竄資政殿大學士皮龍榮于衡州，道卒。秋八月朔，日食。九月，有事于明堂。大雨。帝還宮。賈似道去位，詔出胡貴嬪爲尼，似道乃還。○注：似道專輒之心益甚矣。

冬十一月，馬廷鸞罷。

李庭芝使統制張順、張貴將兵救襄陽，與元軍戰，敗績，皆死之。

皮龍榮卒。

遣使入元，封劉整爲燕王。

○注：取乾元之義，從劉秉忠之請也。

元至元九年。

十二月，召葉夢鼎入相，固辭不至。

癸酉，九年，春正月，樊城陷。二月。

三月，置機速房于中書。

夏六月。

元執使者殺之。

吕文焕以襄陽叛，降元。

元至元十年。

李庭芝免。夏四月，以汪立信爲京湖制置使，趙溍爲沿江制置使。

元主立其子真金爲太子。○注：真金，元主之長子，初封燕王，守中書令兼判樞密院事。

降范文虎一官，職任如故。竄俞興子大忠于循州。

秋七月。九月，以章監簽書樞密院事，陳宜中簽書院事。

冬十一月。

甲戌，十年。春正月，賈似道母死，詔以鹵薄葬之。遂起復賈似道入朝。秋七月，帝崩。子嘉國公㬎即位。太后臨朝稱制。

○注：㬎，年四歲，似道主嫡立之。

以李庭芝、夏貴爲淮東西制置使，陳奕爲沿江制置使。

元許衡乞罷，准之。

元至元十一年。元以伯顏爲中書左丞相。

按：度宗雖無大失德，而拱手權奸，衰敝寖甚，亡國不于其身，幸矣！

詔賈似道獨班起居。尊皇太后曰太皇太后，皇后曰皇太后。

封兄昰爲吉王，昺爲信王。

罷京湖制置使汪立信。

八月，大霖雨，天目山崩。○

注：天目，臨安之主山。宋都臨安，百有餘年，今而霖雨山崩，是宋亡之兆也。

元以博羅懽爲中書右丞。元太保劉秉忠卒。元史天澤、伯顔大舉入寇，天澤有疾而還。

九月。

元吕文煥以伯顔趨郢州，劉整以博羅懽趨淮西。

冬十月，以章監同知樞密院事，陳宜中簽書院事。十一月，以陸秀夫參議淮東制置司事。以王爚、章監爲左右丞相兼樞密使，爚固辭，不許。

十二月，詔賈似道都督諸路軍馬，開府臨安。似道以孫虎臣總統諸軍。詔天下勤王。李庭芝遣兵入援。

陳奕以黄州叛，降元。

元伯顏攻郢州，張世傑力戰禦之，伯顏遂潛兵入漢，屠沙洋，陷新郢。

元伯顏攻陽邏堡，夏貴帥師拒之。伯顏使阿木襲青山磯，遂渡江。元伯顏拔陽邏堡，夏貴棄師走還，伯顏遂會阿木趨鄂州，鄂州降。

	帝㬎。〇注：度宗子，在位二年。乙亥，德祐元年。春正月，葬永紹陵。以陳宜中同知樞密院事。賈似道出師，次于蕪湖。二月，夏貴引兵會之。
	以呂師夔參贊都督府軍事，師夔不受命，以江州叛，降元。知安慶府范文虎叛，降元。賈似道出師，次于蕪湖。
伯顏使行省右丞阿里海涯戍鄂，遂引兵東下。	元至元十二年。元中書左丞劉整死于無爲軍。

二月，賈似道復請和于元，伯顔不許。○注：賈賊前以議和爲望，今又以議和爲辭，雖摇尾乞憐，無益也。賈賊誤宋至此，深可恨矣。孫虎臣、夏貴之師潰于江上，賈似道奔揚州，元盡陷江淮州軍。元陷饒州，知州事唐震、故相江萬里死之。○注：贈震華文閣侍制，謚『忠介』，萬里太傅、益國公，謚『文忠』。賈似道上書請遷郡，王爚去位。張世傑將兵入衛，遂復饒州。

以汪立信爲江淮招討使，募兵禦元。元陷池州，趙卯發死之。○注：卯發，謚『文節』，其妻雍氏贈順義夫人。行宫留守趙溍，棄建康而逃。

元主封其子那采罕爲北平王，以安童行省院事于北鄙。元平章軍國重事史天澤卒。

江西提刑文天祥起兵勤王。湖南提刑李芾遣兵入援，以陳宜中知樞密院事，曾淵子同知院事，文及翁簽書院事，倪普同簽書院事。遣元行人郝經還。經至燕，卒。賈似道有罪，免。○注：陳宜中，本附似道者，自似道奔後，宜中意其已死，即上疏乞誅似道，以正誤國之罪。太皇太后詔授醴泉觀使，罷平章、都督。右丞相章監遁。○注：監聞元兵日迫，託故徑去。端明殿學士、江淮招討使汪立信卒于軍。○注：立信之忠宋，始終不渝。

卒。

汪立信

三月，以王爚、陳宜中爲左右丞相，并兼樞密使，都督諸路軍馬。削章監官，放歸田里。復吴潛、向士璧官。貶竄賈似道黨人，有差。詔張世傑總都督府諸軍，世傑分道出兵以拒元。有二星鬬于中天，一星隕。○注：春秋有星隕如雨者矣，綱目有星流如織者矣，未有二星鬬于中天者。今宋季而有此異，其爲宋元爭衡之象，而星隕者，宋亡之兆矣。趣①五郡鎮撫使将兵入衛，文福殺使者，叛入江州。

元伯顏入建康。○注：建康都統徐旺榮迎伯顏入城居之。時江東大疫，居民乏食，伯顏開倉賑之，且遣醫治疾，民大悦。

①趣：通假字，通『促』。

御批 人臣之誼，與國同休戚者也。宋之丞相章鑑與廷臣曾淵子輩相率潛逃，平日所學何事，乃徑不知有綱常，全不顧惜廉恥乎？

○注：前書文煥以襄陽叛降，又書師夔以江州叛降，此書文福叛入江州，則吕氏一門之負國，亦已甚矣。

臨安戒嚴。曾淵子、文及翁、倪普等棄位而遁。詔戒禁之。

夏四月，加李庭芝參知政事。

以福王與芮爲浙東安撫大使，開府紹興。

元禮部尚書廉希賢等來，至獨松關，守將張濡殺之。

○注：濡，張俊之曾孫也。

元阿里海涯寇江陵，朱禩孫、高達以城降，荊南州軍皆陷。元阿术寇真、揚州。

五月，賜婺州處士何基、王柏贈謚。○注：謚基曰文定，贈王柏承事郎。詔張世傑等四路出兵以禦元。

六月朔，日食既，晝晦如夜。以王爚平章軍國重事，陳宜中、留夢炎爲左右丞相，并兼樞密使，都督諸路軍馬。加李庭芝知樞密院事。

秋七月，放賈似道于循州，籍其家。

李庭芝遣守將苗再興、姜才帥兵禦戰，敗績。	籍呂文焕、陳奕、范文虎家。	成都安撫使昝萬壽，以嘉定諸城叛降元。	張世傑與元阿术戰焦山下，世傑敗績，奔圌山。

陳宜中去位。詔罷王爚爲醴泉觀使，召宜中于温州。○注：京學生劉九皋等伏闕上書，言宜中擅權。書上，宜中徑去，遣四輩召之，不至。或謂京學之論，實爚嗾之。太后以爚不能與宜中久處，兼爚乞罷平章，遂罷爲醴泉觀使。

八月。

冬十月，以留夢炎、陳宜中爲左右丞相，兼樞密使，都督諸路軍馬。監押官鄭虎臣殺賈似道于漳州。

○注：昔韓世忠敗于兀术之火矢，即此地也。世傑復蹈其覆轍，則將略非其所長，蓋可知矣。

以李芾知潭州，文天祥知平江府。

詔張世傑、劉師勇總出戍兵。殺賈似道。

元以伯顏爲右丞相，阿术爲左丞相。

元以廉希憲行省事于江陵。

元伯顏渡江，分兵東下。

十一月，召文天祥入衛。左丞相留夢炎遁。

十二月，遣工部侍郎柳岳如元軍請平，伯顏不許。復遣柳岳如元求封，行至高郵，民殺之。以文天祥簽書樞密院事。

追封故濟王竑爲鎮王。

元陷廣德軍、四安鎮。以謝枋得爲江西招諭使，知信州。元軍破獨松關，守將張濡遁。

元將阿刺罕陷廣德軍、四安鎮。

丙子，二年。○注：五月以後端宗皇帝景炎二年。春正月，同知樞密院事陳文龍、同簽書院事黄鏞遁。

元阿里海涯破潭州。

元至元十三年。

以吴堅爲左丞相兼樞密使，常楙參知政事。○注：日午，宣麻慈元殿，文班止六人，蓋皆遁也。噫，食君之禄，不能死君之事而逃之，尚可以名人哉？諸關兵皆潰。遣監察御史劉岊奉表稱臣于元。○注：陸秀夫還言，伯顏不肯從伯姪之稱，太后命用臣禮。

常楙遁，以夏士林簽書樞密院事，士林亦遁。召留夢炎，不至，以爲江東西、湖南北宣撫大使。陳宜中請遷都，不果行。元伯顏軍皋亭山，太皇太后遣使奉璽以降，右丞相陳宜中夜遁。

進封吉王昰爲益王，判福州；信王昺爲廣王，判泉州。駙馬都尉楊鎮等奉益王、廣王走婺州。

大使知州事李芾死之，湖南州軍皆陷。

張世傑、劉師勇各以所部兵入于海。元吕師夔寇江東，謝枋得迎戰，敗績。

御批

人臣事君，自當一言一事極其詳確。宋末危急之時，陳宜中慟哭，請遷都，乃以倉卒失奏行期，致太后束裝虛待。儒者涵養素定，雖造次必于是，顛沛必于是，宜中良愧此矣。

吴堅、文天祥如元軍，伯顏執天祥，遣堅還。以家鉉翁簽書樞密院事，賈餘慶同簽書院事。

二月，日中有黑子。元伯顏遣人入臨安，封府庫，收圖籍、符印。以賈餘慶爲右丞相兼樞密使，劉岊同簽書樞密院事，與吴堅、謝堂、家鉉翁并充祈請使如元。謝堂逃歸。浙江潮三日不至。○注：時元軍分駐江沙、上杭，人方幸之，潮汐三日不至。

○注：楊淑妃、秀王與檡從行。

元伯顏使范文虎追益王、廣王，不及，執楊鎮還臨安。二王遂走溫州。

○注：遂奔建寧山中，妻子皆被執。

元人以文天祥北去。夏貴以淮西叛降元。

元人索宫女、内侍及諸樂宫。○注：宫女赴水，死者以百數。 三月，元伯顔入臨安，以帝及皇太后全氏、福王與芮等北去。○注：太皇太后以疾留内。文天祥自鎮江亡，入真州，遂浮海如温州。閏月，陳宜中等奉益王爲天下兵馬都元帥，廣王副之，開府福州，起兵興復。帝至瓜洲，李庭芝使姜才將兵，夜擣元軍，不克。○注：欲奪駕也。		文天祥自鎮江亡，入真州，浮海如温州。	元以阿剌罕董文柄行省事于臨安。		

夏五月朔，益王即位于福州，遥上帝尊號，尊度宗淑妃楊氏爲皇太后，同聽政。以陳宜中爲左丞相兼樞密使，都督諸路軍馬。陳文龍、劉黼參知政事，張世傑爲樞密副使，陸秀夫直學士院。召李庭芝爲右丞相，姜才爲保康軍承宣使。召江西制置使趙溍、招諭使吴浚等分道出師，興復帝室。文天祥至自温州，以爲樞密使，同都督諸路軍馬。

進封廣王爲衛王。

文天祥都督諸路軍馬。

元主忽必烈廢德祐帝爲瀛國公。○注：閲史至此，寧不爲之浩歎？○嘗觀宋徽宗借女真之兵以滅遼，卒爲女真所侮。理宗資蒙古之力以灭金，卒爲蒙古所亡。綱目于此，正色書之，所以謹華夷之辨，嚴内外之防也。罷直學士院陸秀夫。

秋七月，文天祥開府南劍州，經略江西。李庭芝、姜才赴召至泰州。揚守將朱焕、泰州裨將孫貴等皆降于元，庭芝、才死之，淮東盡陷。○注：庭芝、姜才固守淮東，屢蒙詔諭而殺使不降，

元將唆都陷衢州，江顔同知樞密院事。元以伯東西湖南北院事。元將宣撫大使留唆都陷衢州。夢炎降。

文天祥開府南劍州，經略江西。

粟雖屢盡而民無叛心，非其忠義，何以能此？迨至赴召歸閩，兵敗被執，不屈而亡，其精忠勁節可與日月爭光，殆與唐之張巡、許遠齊名而異代耳！

八月，元人以太皇太后謝氏北去。○注：太皇以病久留臨安，至是，元人自宮中舁其牀以出，侍衛七十人，遂赴燕降。封壽春郡夫人。

九月。

冬十月。

十一月，陳宜中、張世傑、奉帝航海。○注：奉帝及衛王、楊太妃登舟，時軍十七萬人，民兵三十萬人，淮兵萬人，與北舟相遇，值天霧，晦冥不辨，舟得以進。

	八月	九月	冬十月	十一月
	秀王與檡圍婺州，元董文炳拒之。與檡乃還。			秀王與檡與元兵戰于里安，敗績，死之。
			文天祥帥師次于汀州。	
		元軍分道寇閩廣。		

帝至泉州，招撫使蒲壽庚作亂，帝走潮州。十二月，壽庚以泉州叛降元。帝次惠州，遣使奉表請降于元。○注：帝駐惠之甲子門，遣倪宙奉表詣元軍請降，唆都命其子元帥百家奴偕宙赴燕。

元軍分道入兩川。○注：以合丹、闊里吉思領東川行樞密院，攻合州。不花、李德輝領西川行樞密院，攻重慶。仍令德輝留成都給軍食。

端宗皇帝。○注：度宗長子，名昰，楊淑妃出。即位于福州，時年九歲，改元景炎，在位三年。丁丑，景炎二年，春正月。

文天祥移屯漳州。

元至元十四年。

			汀守黄去疾及吴浚降元。		
二月。			文天祥誅吴浚。	元軍入廣州，遂廣東諸郡。元以西僧楊璉真加總攝江南釋教。	
三月。			文天祥復梅州。		
夏四月。			張世傑復潮州。文天祥引兵自梅州出江西。		
六月。			文天祥敗元軍于雩都。秋七月，使趙時賞等分道復吉、贛諸縣。		

秋七月。

八月。

九月，帝還潮州之淺灣。冬十月朔，日食。以陸秀夫同簽書樞密院事。

遂圍贛州。張世傑會師，討蒲壽庚于泉州，傳檄諸路，遂復邵武軍。	元李恒襲文天祥于興國縣。天祥兵潰，走循州。諸將鞏信、趙時賞等皆死之。	
元諸王昔里吉劫北平王那木罕及安童以叛，元主使伯顏討平之。		元將塔出等引兵入大庾嶺。

十一月，元將劉深襲淺灣，帝奔井澳。○注：帝至井澳，颶風壞舟。帝溺，幾不救，遂得驚疾。旬，余，諸兵士稍集，死者過半。十二月，帝有疾。元劉深襲井澳，帝奔謝女峽。陳宜中逃之占城。○注：帝復入海，至七里洋，欲往占城。陳宜中請先往諭意，度事不可爲，遂不返。

戊寅，三年。○注：五月，帝昺祥興元年。春正月，元降封福王與芮为平原郡公。二月。

元將塔出會兵，陷廣州。

元至元十五年。元以許衡領太史院事。

三月，帝還碙洲。夏四月，帝崩。衛王即位。〇注：帝崩，年十一。群臣多欲散去，陸秀夫曰：『度宗一子尚在，將焉置之！古人有以一旅一成中興者，今百官有司皆具，士卒數萬，天若未欲絕宋，此豈不可爲國邪？』乃立衛王，年八歲矣。改元祥興，太妃仍同聽政。

文天祥收兵，復出麗江浦。〇注：天祥以弟璧及母在惠州，乃趨之，行收兵出海豐縣，遂次于麗江浦。曾淵子至自雷州，以爲參知政事、廣西宣諭使。

元以唆都等行省事于福州。

六月，帝遷新會之厓山。

元以張宏範爲都元帥，李恒副之，將兵入閩、廣。

秋七月。

湖南制置使張烈良等起兵應厓山，與元阿里海涯戰，敗，死之。

八月，有星隕于廣南。○注：有星墮廣州南，初隕，色紅，大如箕，中爆烈為五，既墜地，殷如鳴鼓，一時頃止。加文天祥少保、信國公，張世傑越國公。○注：時軍中大疫，士卒多死，會天祥母亦病没。詔起復之。天祥長子復亡，家屬殆盡。九月，葬端宗皇帝于厓山。○注：陵號永福。

冬閏十一月。

十二月，元西僧楊璉真加發紹興諸陵。

海南州縣皆陷。	元張宏範襲，執文天祥于五坡嶺。	
		元西僧楊璉真加發紹興諸陵。

○注：發諸陵之在紹興者，及大臣塚墓，凡一百一所。

帝昺，己卯，祥興二年○注：是歲宋亡。春正月，元張宏範襲厓山，張世傑力戰禦之。二月，張世傑與元張宏範戰于厓山。世傑兵潰，陸秀夫負帝赴海死之。世傑復收兵至海陵山，舟覆而死，宋亡。

夏四月。

元至元十六年。

元西僧八思巴死。

史臣曰：『宋雖起于用武，功成治定之後，以仁傳家。然仁之弊失于弱。中世有欲自彊①，以革其弊，用乖其方，馴致棼擾。建炎而後，土宇分裂，猶能六主，百五十年而後亡，豈非禮義足以維持君子之志，恩惠足以固結黎庶之心歟？既而宋之遺臣，區區奉二王為海上之謀，雖無救于亡，然人臣忠于所事而至于斯，其亦可悲也夫！』

①彊：通假字，通『强』，使……强大。

秋九月。冬十月，文天祥至燕，不屈，元人囚之。○注：嗚呼！天祥忠宋之心，至是益見矣。方其起兵勤王，間①關嶺表，攻城略地，志圖恢復，厥謀未遂，可哀也已。及其至燕，元人啖之以爵，而天祥不受，則是『富貴不能淫』，元人懼之以威，而天祥不屈，則是『威武不能屈』，然其心未嘗一日而忘宋也。使天意祚宋，莫或撓之，則恢復之任，舍天祥、世傑而誰歸？

十二月。

元詔太子參決朝政。

元增置宿衛。○注：元宿衛皆領于四怯薛②。以太祖功臣博爾忽、博爾朮、木華黎、赤老温四族，世領怯薛之長。怯薛者，猶言分番宿衛也。

①間：從小路走。　②四怯薛：元建國後，護衛軍的人數擴充，分為四隊，輪流值班，稱為四怯薛。